LE

QUADRUPLE ORACLE

DES DAMES ET DES DEMOISELLES

Paris. — Typ. Gaittet, rue Gît-le-Cœur, [illegible].

I II III IIII V VI VII VIII IX X XI XII XIII XIV XV XVI XVII XVIII XIX XX XXI XXII XXIII XXIV XXV
A B C D E F G H I J K L M N O P Q R S T U V X Y Z

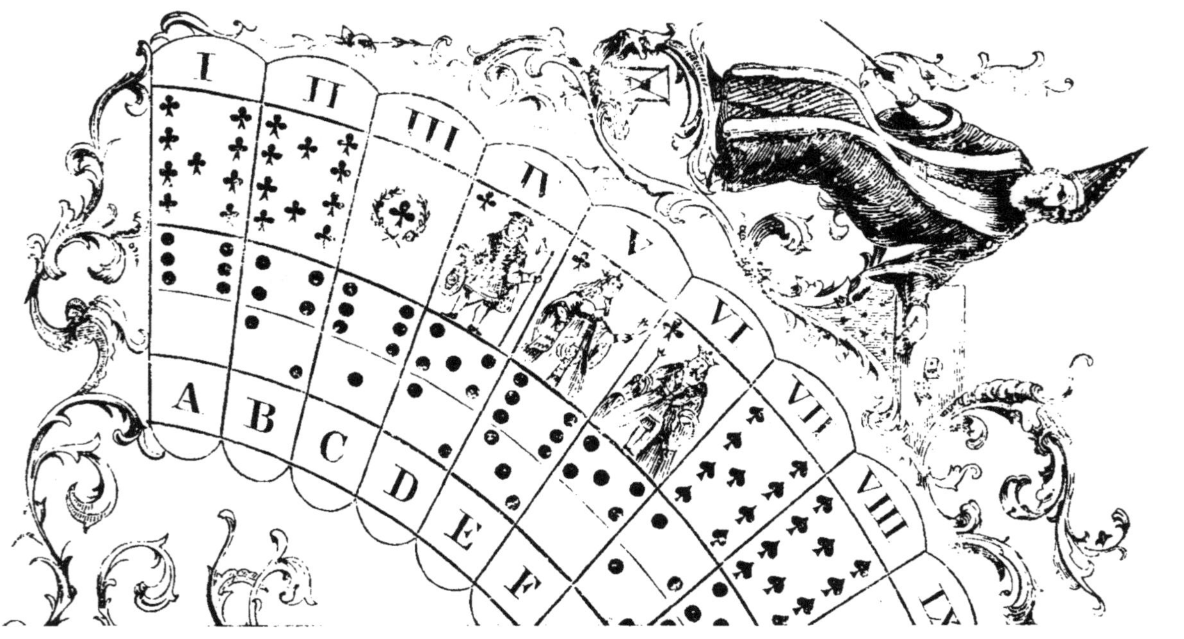

I
II
III
IIII
V
VI
VII
VIII
A
B
C
D
E
F

LE

QUADRUPLE ORACLE

DES DAMES ET DES DEMOISELLES

OU

LA VÉRITÉ OBTENUE

SUIVANT

Toutes les règles de la Divination ancienne et moderne

DONNANT A 100 QUESTIONS

2[illegible]00 Solutions ou Réponses

OBTENUES A L'AIDE DES JEUX DE CARTES, DOMINOS, DÉS
ET AUTRES COMPLÈTEMENT INÉDITS

Augmenté de

LA VOIX DU DESTIN

Nouveau Système divinatoire, de la Dissection des cœurs féminins
Récréation de société et de la Cartomancie simplifiée

PAR

HALBERT (D'ANGERS)

PARIS
BERNARDIN-BÉCHET, LIBRAIRE-ÉDITEUR
QUAI DES GRANDS-AUGUSTINS, 31

1862

1861

AVIS DE L'ÉDITEUR.

En tête de cet ouvrage, l'on ne trouvera pas comme chez nos devanciers, une dédicace *au beau sexe*, la raison en est simple, puisqu'il s'adresse à l'un comme à l'autre, nous ne le présentons pas non plus sous la rubrique d'un de ces noms sonores, comme Nostradamus, Cagliostro, Jérôme Cardan, Éteilla, voire même Mlle Lenormand, qui, après leur mort, se trouvèrent patrons de tant de volumes qu'ils ne connurent jamais. Nous préférons ce proverbe : *A chacun ses œuvres* !...

Il nous était impossible de mieux recommander à nos lecteurs le volume que nous publions aujourd'hui sous le nom de M. Halbert (d'Angers), qu'en signalant quelques-uns de ces travaux en ce genre publiés depuis vingt ans, tant à Paris, en province, qu'à l'étranger, et la plupart à un nombre d'éditions hors ligne. Tels que : *Le plus complet des Traités de Songes*, l'*Ancienne* et la *Nouvelle Clef des Songes*, *Rêves et Visions*, la *Double Clef des Songes* ou *Traité complet d'Onéiromancie ;* la *Grande Cartomancie nouvelle*, les *Biographies de de Mmes Lenormand et Clément*. Le *Parfait Oracle des Dames*, le *Panthéon des Oracles*, le *Révélateur du Destin*, la *Sybille des Salons*, les *Songes expliqués aux enfants*, la *Double Vue dévoilée*, etc., etc. Enfin, pour paraître prochainement : Le *Thermomètre d'Amour, jeu de salon et de jardin.*

Tous ces différents ouvrages, signés la plupart par leur auteur et qui se trouvent aujourd'hui dans toutes les mains, nous dispensent de faire l'éloge de celui que vous tenez. Lisez, lecteur, jugez, et bon plaisir.

L'Éditeur.

MANIÈRE DE CONSULTER

LE QUADRUPLE ORACLE.

—

Si l'on consulte avec un jeu de piquet, il faut, pour le réduire à 25 cartes, nombre correspondant aux réponses, en retirer les 7 et les 8, hors le *huit de cœur*, qui forme la vingt-cinquième. Si c'est un jeu de dominos, retirer également le *le double blanc*, le *double un* et le *un blanc*, cela produit vingt-cinq encore.

Employer un chiffre pensé, ou la première lettre du nom du consultant, n'a pas besoin d'être expliqué ; si c'est avec son âge, qui naturellement peut produire au-delà de 25 ; on l'obtient par la réunion de deux chiffres avec lesquels on interroge deux fois de suite.

Veut-on piquer avec une épingle sur des points, comme cela se pratique depuis longtemps, on n'aura qu'à copier le tableau ci-dessous, ce qui est très-facile, et composé de 25 cases, il concorde donc encore avec les moyens que nous venons d'indiquer.

Fig. 1.

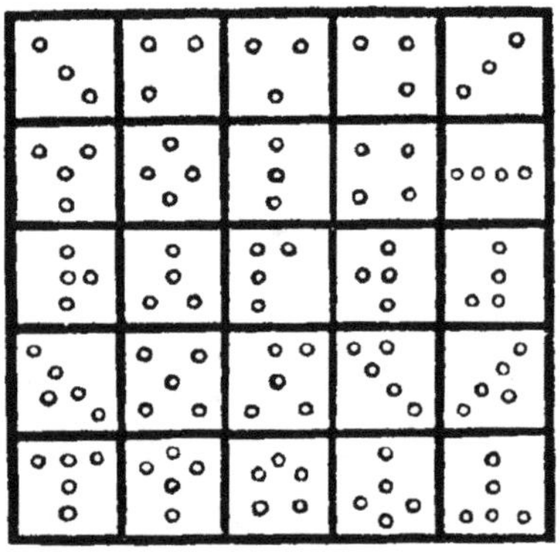

Si, tout en jouant dans une réunion, on ne veut ni parler haut, ni se servir des procédés susdésignés, chacun des joueurs se munit d'un crayon et d'un carré de papier, et à l'aide d'un des deux tableaux suivants :

Fig. 2.

Fig. 3

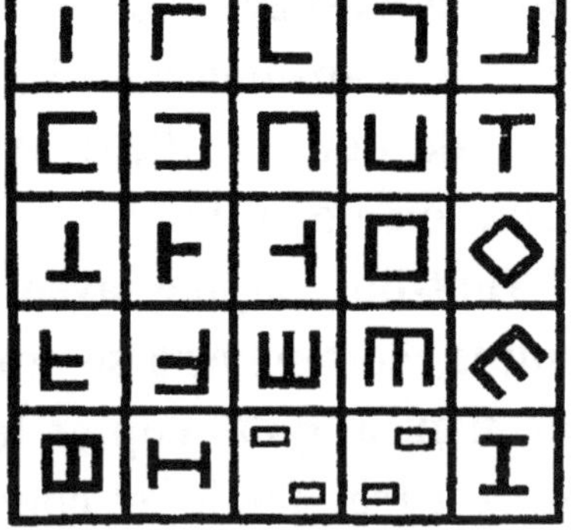

trace dessus un des 25 signes correspondant à telle ou telle lettre ou chiffre qu'il lui plaît ; cette espèce de sténographie pourra au besoin servir pour une courte et secrète correspondance entre les deux joueurs, qui, se faisant un échange mutuel, s'entendront à merveille, sans avoir rien à redouter de la curiosité de la galerie.

Fig. 4.

Ce carré ci-contre, figurant des notes de musique, pourra servir également de correspondance ou d'interrogateur, lorsqu'avec l'aide d'un piano, harpe ou guitare, telle personne donnera les notes correspondantes à la lettre A, B ou C, etc. Tous ces moyens que nous indiquons sont les mêmes au fond, et n'ont qu'un déguisement de forme, où la facilité d'être employés par ce qui tombe sous la main des consultants, sert pour leur garantir la sécurité ou la discrétion lorsqu'ils veulent le mystère.

Nous indiquerons également la manière de consulter l'oracle avec des dés, cartes, dominos, lettres, chiffres ou signes, qui toujours se mêlent, tirent, piquent ou choisissent de la main gauche ; à défaut d'en avoir à sa disposition, notre frontispice en peut tenir lieu. Une fois le choix arrêté, l'on cherche sur le tableau de correspondance page XVIII, le chiffre romain qui précède la ligne où il se trouve reproduit, et désormais ce rapporteur devra vous donner vos réponses.

MANIÈRE DE PROCÉDER.

Cette méthode est sûre et facile ; après avoir pris une des cent questions et choisi ensuite un signe quelconque, vous allez chercher à la page du tableau de correspondance, quel est le chiffre romain qui précède la ligne où il est reproduit ; alors vous cherchez dans le répertoire, ou tableau des numéros des questions, indiquant les pages et l'endroit des réponses ; vous cherchez, dis-je, sur la première colonne de ce tableau le numéro de votre question ; et, suivant du doigt à droite, jusqu'à la colonne surmontée du chiffre romain que vous avez précédemment obtenu, le numéro renfermé dans la case où vous vous arrêterez vous donnera le folio de la page où l'oracle vous répond, et la ligne sera celle indiquée par ce même chiffre romain, employé en troisième fois. Avec une légère attention, un enfant obtiendrait ce résultat : ici se borne tout le mystère.

Répertoire ou Tableau des Numéros des questions indiquant les pages et chiffres des réponses.

Numéros des Questions.	I.	II.	III.	IV.	V.	VI.	VII.	VIII.	IX.	X.	XI.	XII.	XIII.	XIV.	XV.	XVI.	XVII.	XVIII.	XIX.	XX.	XXI.	XXII.	XXIII.	XXIV.	XXV.
1	25	29	33	37	41	45	49	53	57	61	65	69	73	77	81	85	89	93	97	1	5	9	13	17	21
2	26	30	34	38	42	46	50	54	58	62	66	70	74	78	82	86	90	94	98	2	6	10	14	18	22
3	27	31	35	39	43	47	51	55	59	63	67	71	75	79	83	87	91	95	99	3	7	11	15	19	23
4	28	32	36	40	44	48	52	56	60	64	68	72	76	80	84	88	92	96	100	4	8	12	16	20	24
5	29	33	37	41	45	49	53	57	61	65	69	73	77	81	85	89	93	97	1	5	9	13	17	21	25
6	30	34	38	42	46	50	54	58	62	66	70	74	78	82	86	90	94	98	2	6	10	14	18	22	26
7	31	35	39	43	47	51	55	59	63	67	71	75	79	83	87	91	95	99	3	7	11	15	19	23	27
8	32	36	40	44	48	52	56	60	64	68	72	76	80	84	88	92	96	100	4	8	12	16	20	24	28
9	33	37	41	45	49	53	57	61	65	69	73	77	81	85	89	93	97	1	5	9	13	17	21	25	29
10	34	38	42	46	50	54	58	62	66	70	74	78	82	86	90	94	98	2	6	10	14	18	22	26	30
11	35	39	43	47	51	55	59	63	67	71	75	79	83	87	91	95	99	3	7	11	15	19	23	27	31
12	36	40	44	48	52	56	60	64	68	72	76	80	84	88	92	96	100	4	8	12	16	20	24	28	32
13	37	41	45	49	53	57	61	65	69	73	77	81	85	89	93	97	1	5	9	13	17	21	25	29	33
14	38	42	46	50	54	58	62	66	70	74	78	82	86	90	94	98	2	6	10	14	18	22	26	30	34
15	39	43	47	51	55	59	63	67	71	75	79	83	87	91	95	99	3	7	11	15	19	23	27	31	35
16	40	44	48	52	56	60	64	68	72	76	80	84	88	92	96	100	4	8	12	16	20	24	28	32	36

17	41	45	49	53	57	61	65	69	73	77	81	85	89	93	97	1	5	9	13	17	21	25	29	33	37
18	42	46	50	54	58	62	66	70	74	78	82	86	90	94	98	2	6	10	14	18	22	26	30	34	38
19	43	47	51	55	59	63	67	71	75	79	83	87	91	95	99	3	7	11	15	19	23	27	31	35	39
20	44	48	52	56	60	64	68	72	76	80	84	88	92	96	100	4	8	12	16	20	24	28	32	36	40
21	45	49	53	57	61	65	69	73	77	81	85	89	93	97	1	5	9	13	17	21	25	29	33	37	41
22	46	50	54	58	62	66	70	74	78	82	86	90	94	98	2	6	10	14	18	22	26	30	34	38	42
23	47	51	55	59	63	67	71	75	79	83	87	91	95	99	3	7	11	15	19	23	27	31	35	39	43
24	48	52	56	60	64	68	72	76	80	84	88	92	96	100	4	8	12	16	20	24	28	32	36	40	44
25	49	53	57	61	65	69	73	77	81	85	89	93	97	1	5	9	13	17	21	25	29	33	37	41	45
26	50	54	58	62	66	70	74	78	82	86	90	94	98	2	6	10	14	18	22	26	30	34	38	42	46
27	51	55	59	63	67	71	75	79	83	87	91	95	99	3	7	11	15	19	23	27	31	35	39	43	47
28	52	56	60	64	68	72	76	80	84	88	92	96	100	4	8	12	16	20	24	28	32	36	40	44	48
29	53	57	61	65	69	73	77	81	85	89	93	97	1	5	9	13	17	21	25	29	33	37	41	45	49
30	54	58	62	66	70	74	78	82	86	90	94	98	2	6	10	14	18	22	26	30	34	38	42	46	50
31	55	59	63	67	71	75	79	83	87	91	95	99	3	7	11	15	19	23	27	31	35	39	43	47	51
32	56	60	64	68	72	76	80	84	88	92	96	100	4	8	12	16	20	24	28	32	36	40	44	48	52
33	57	61	65	69	73	77	81	85	89	93	97	1	5	9	13	17	21	25	29	33	37	41	45	49	53
34	58	62	66	70	74	78	82	86	90	94	98	2	6	10	14	18	22	26	30	34	38	42	46	50	54

Suite du Répertoire ou Tableau des Numéros des questions indiquant les pages et chiffres des réponses.

Numéros des Questions.	I.	II.	III.	IV.	V.	VI.	VII.	VIII.	IX.	X.	XI.	XII.	XIII.	XIV.	XV.	XVI.	XVII.	XVIII.	XIX.	XX.	XXI.	XXII.	XXIII.	XXIV.	XXV.
35	59	63	67	71	75	79	83	87	91	95	99	3	7	11	15	19	23	27	31	35	39	43	47	51	55
36	60	64	68	72	76	80	84	88	92	96	100	4	8	12	16	20	24	28	32	36	40	44	48	52	56
37	61	65	69	73	77	81	85	89	93	97	1	5	9	13	17	21	25	29	33	37	41	45	49	53	57
38	62	66	70	74	78	82	86	90	94	98	2	6	10	14	18	22	26	30	34	38	42	46	50	54	58
39	63	67	71	75	79	83	87	91	95	99	3	7	11	15	19	23	27	31	35	39	43	47	51	55	59
40	64	68	72	76	80	84	88	92	96	100	4	8	12	16	20	24	28	32	36	40	44	48	52	56	60
41	65	69	73	77	81	85	89	93	97	1	5	9	13	17	21	25	29	33	37	41	45	49	53	57	61
42	66	70	74	78	82	86	90	94	98	2	6	10	14	18	22	26	30	34	38	42	46	50	54	58	62
43	67	71	75	79	83	87	91	95	99	3	7	11	15	19	23	27	31	35	39	43	47	51	55	59	63
44	68	72	76	80	84	88	92	96	100	4	8	12	16	20	24	28	32	36	40	44	48	52	56	60	64
45	69	73	77	81	85	89	93	97	1	5	9	13	17	21	25	29	33	37	41	45	49	53	57	61	65
46	70	74	78	82	86	90	94	98	2	6	10	14	18	22	26	30	34	38	42	46	50	54	58	62	66
47	71	75	79	83	87	91	95	99	3	7	11	15	19	23	27	31	35	39	43	47	51	55	59	63	67
48	72	76	80	84	88	92	96	100	4	8	12	16	20	24	28	32	36	40	44	48	52	56	60	64	68
49	73	77	81	85	89	93	97	1	5	9	13	17	21	25	29	33	37	41	45	49	53	57	61	65	69
50	74	78	82	86	90	94	98	2	6	10	14	18	22	26	30	34	38	42	46	50	54	58	62	66	70

51	75	79	83	87	91	95	99	3	7	11	15	19	23	27	31	35	39	43	47	51	55	59	63	67	71
52	76	80	84	88	92	96	100	4	8	12	16	20	24	28	32	36	40	44	48	52	56	60	64	68	72
53	77	81	85	89	93	97	1	5	9	13	17	21	25	29	33	37	41	45	49	53	57	61	65	69	73
54	78	82	86	90	94	98	2	6	10	14	18	22	26	30	34	38	42	46	50	54	58	62	66	70	74
55	79	83	87	91	95	99	3	7	11	15	19	23	27	31	35	39	43	47	51	55	59	63	67	71	75
56	80	84	88	92	96	100	4	8	12	16	20	24	28	32	36	40	44	48	52	56	60	64	68	72	76
57	81	85	89	93	97	1	5	9	13	17	21	25	29	33	37	41	45	49	53	57	61	65	69	73	77
58	82	86	90	94	98	2	6	10	14	18	22	26	30	34	38	42	46	50	54	58	62	66	70	74	78
59	83	87	91	95	99	3	7	11	15	19	23	27	31	35	39	43	47	51	55	59	63	67	71	75	79
60	84	88	92	96	100	4	8	12	16	20	24	28	32	36	40	44	48	52	56	60	64	68	72	76	80
61	85	89	93	97	1	5	9	13	17	21	25	29	33	37	41	45	49	53	57	61	65	69	73	77	81
62	86	90	94	98	2	6	10	14	18	22	26	30	34	38	42	46	50	54	58	62	66	70	74	78	82
63	87	91	95	99	3	7	11	15	19	23	27	31	35	39	43	47	51	55	59	63	67	71	75	79	83
64	88	92	96	100	4	8	12	16	20	24	28	32	36	40	44	48	52	56	60	64	68	72	76	80	84
65	89	93	97	1	5	9	13	17	21	25	29	33	37	41	45	49	53	57	61	65	69	73	77	81	85
66	90	94	98	2	6	10	14	18	22	26	30	34	38	42	46	50	54	58	62	66	70	74	78	82	86
67	91	95	99	3	7	11	15	19	23	27	31	35	39	43	47	51	55	59	63	67	71	75	79	83	87
68	92	96	100	4	8	12	16	20	24	28	32	36	40	44	48	52	56	60	64	68	72	76	80	84	88

Suite du Répertoire ou Tableau des Numéros des questions indiquant les pages et chiffres des réponses.

Numéros des Questions.	I.	II.	III.	IV.	V.	VI.	VII.	VIII.	IX.	X.	XI.	XII.	XIII.	XIV.	XV.	XVI.	XVII.	XVIII.	XIX.	XX.	XXI.	XXII.	XXIII.	XXIV.	XXV.
69	93	97	1	5	9	13	17	21	25	29	33	37	41	45	49	53	57	61	65	69	73	77	81	85	89
70	94	98	2	6	10	14	18	22	26	30	34	38	42	46	50	54	58	62	66	70	74	78	82	86	90
71	95	99	3	7	11	15	19	23	27	31	35	39	43	47	51	55	59	63	67	71	75	79	83	87	91
72	96	100	4	8	12	16	20	24	28	32	36	40	44	48	52	56	60	64	68	72	76	80	84	88	92
73	97	1	5	9	13	17	21	25	29	33	37	41	45	49	53	57	61	65	69	73	77	81	85	89	93
74	98	2	6	10	14	18	22	26	30	34	38	42	46	50	54	58	62	66	70	74	78	82	86	90	94
75	99	3	7	11	15	19	23	27	31	35	39	43	47	51	55	59	63	67	71	75	79	83	87	91	95
76	100	4	8	12	16	20	24	28	32	36	40	44	48	52	56	60	64	68	72	76	80	84	88	92	96
77	1	5	9	13	17	21	25	29	33	37	41	45	49	53	57	61	65	69	73	77	81	85	89	93	97
78	2	6	10	14	18	22	26	30	34	38	42	46	50	54	58	62	66	70	74	78	82	86	90	94	98
79	3	7	11	15	19	23	27	31	35	39	43	47	51	55	59	63	67	71	75	79	83	87	91	95	99
80	4	8	12	16	20	24	28	32	36	40	44	48	52	56	60	64	68	72	76	80	84	88	92	96	100
81	5	9	13	17	21	25	29	33	37	41	45	49	53	57	61	65	69	73	77	81	85	89	93	97	1
82	6	10	14	18	22	26	30	34	38	42	46	50	54	58	62	66	70	74	78	82	86	90	94	98	2
83	7	11	15	19	23	27	31	35	39	43	47	51	55	59	63	67	71	75	79	83	87	91	95	99	3
84	8	12	16	20	24	28	32	36	40	44	48	52	56	60	64	68	72	76	80	84	88	92	96	100	4

85	9	13	17	21	25	29	33	37	41	45	49	53	57	61	65	69	73	77	81	85	89	93	97	1	5
86	10	14	18	22	26	30	34	38	42	46	50	54	58	62	66	70	74	78	82	86	90	94	98	2	6
87	11	15	19	23	27	31	35	39	43	47	51	55	59	63	67	71	75	79	83	87	91	95	99	3	7
88	12	16	20	24	28	32	36	40	44	48	52	56	60	64	68	72	76	80	84	88	92	96	100	4	8
89	13	17	21	25	29	33	37	41	45	49	53	57	61	65	69	73	77	81	85	89	93	97	1	5	9
90	14	18	22	26	30	34	38	42	46	50	54	58	62	66	70	74	78	82	86	90	94	98	2	6	10
91	15	19	23	27	31	35	39	43	47	51	55	59	63	67	71	75	79	83	87	91	95	99	3	7	11
92	16	20	24	28	32	36	40	44	48	52	56	60	64	68	72	76	80	84	88	92	96	100	4	8	12
93	17	21	25	29	33	37	41	45	49	53	57	61	65	69	73	77	81	85	89	93	97	1	5	9	13
94	18	22	26	30	34	38	42	46	50	54	58	62	66	70	74	78	82	86	90	94	98	2	6	10	14
95	19	23	27	31	35	39	43	47	51	55	59	63	67	71	75	79	83	87	91	95	99	3	7	11	15
96	20	24	28	32	36	40	44	48	52	56	60	64	68	72	76	80	84	88	92	96	100	4	8	12	16
97	21	25	29	33	37	41	45	49	53	57	61	65	69	73	77	81	85	89	93	97	1	5	9	13	17
98	22	26	30	34	38	42	46	50	54	58	62	66	70	74	78	82	86	90	94	98	2	6	10	14	18
99	23	27	31	35	39	43	47	51	55	59	63	67	71	75	79	83	87	91	95	99	3	7	11	15	19
100	24	28	32	36	40	44	48	52	56	60	64	68	72	76	80	84	88	92	96	100	4	8	12	16	20

FIN DU TABLEAU.

CORRESPONDANCES

des Cartes, Dominos, Lettres de l'alphabet ou des noms des consultants, Dés et Chiffres pensés, avec les signes usités ou de convention, etc., indiqués pages VIII et IX.

Chiffres à choisir.	CARTES		DOMINOS	ALPHABET	NOMBRES
I.	TRÈFLE	Au neuf	correspondant au 6 — blanc	ainsi qu'à la lettre A	ou le n° 1
II.		dix	4 — 2	B	2
III.		as	6 — 1	C	3
IV.		valet	5 — 2	D	4
V.		dame	6 — 3	E	5
VI.		roi	5 — 0	F	6
VII.	PIQUE	neuf	2 — 2	G	7
VIII.		dix	5 — 3	H	8
IX.		as	6 — 2	I	9
X.		valet	4 — 0	J	10
XI.		dame	5 — 1	K	11
XII.		roi.	3 — 2	L	12
XIII.	CŒUR	huit	4 — 3	M	13
XIV.		roi	5 — 5	N	14
XV.		dame	6 — 6	O	15
XVI.		valet	1 — 3	P	16
XVII.		as	5 — 4	Q	17
XVIII.		dix	3 — 0	R	18
XIX.		neuf	4 — 1	S	19
XX.	CARREAU	roi	4 — 4	T	20
XXI.		dame	6 — 4	U	21
XXII.		valet	2 — 0	V	22
XXIII.		as	3 — 3	X	23
XXIV.		dix	2 — 1	Y	24
XXV.		neuf	6 — 5	Z	25

Pour faire concorder et au besoin employer les points superposés diversement et généralement usités, ou ceux que nous donnons sous le titre de *conventions*, ou même les notes de musique, leur nombre étant de 25, il sera facile ici d'en trouver la corresp.

Consultation de l'Oracle avec des Dés.

Il faut, pour employer cette méthode, avoir un cornet à trictrac et trois dés numérotés de 1 à 6 ; comme il est impossible d'obtenir moins de 3 et que le total le plus élevé est 18, pour faire 1 et 2 et monter jusqu'à 25, nombre des réponses de chaque page, voici le moyen à employer :

Deux personnes voulant interroger l'oracle joueront d'abord ensemble jusqu'à ce que chacune ait amené dix points, qui devront être représentés devant elles par des jetons, fiches, ou de toute autre manière. Cela leur donne ensuite le droit d'ajouter ou de déduire à volonté sur la somme qu'elles obtiendront lors de leurs interrogations ; le consultant se fera donc rendre ou rendra lui-même à son partenaire tel nombre de jetons qu'il aura employé en plus ou moins pour faire sa demande ; lorsque la partie sera terminée le joueur qui se trouvera muni de la plus forte somme en sera redevable à celui des deux, auquel l'oracle aura répondu le plus favorablement.

Nota. — Comme d'avance l'on pourra intéresser la partie, cette nouvelle consultation offrira donc une double récréation de société jusqu'alors inconnue.

QUESTIONNAIRE.

1. Me marierai-je bientôt?
2. Serai-je heureuse en ménage?
3. Quel époux aurai-je?
4. Comment me conduirai-je en ménage?
5. Connaîtra-t-on ce que je tais?
6. Me parle-t-on franchement?
7. Oracle, dis-moi s'il me sera constant.
8. Amour ou richesse, lequel vaut le mieux?
9. Suis-je la préférée?
10. Serai-je mère?
11. Serai-je veuve ou mourrai-je la première?
12. Faut-il suivre mon idée?
13. Ma confiance est-elle bien placée?
14. Dois-je encore résister?
15. Oracle, pourquoi ne me conseilles-tu pas?
16. Mérite-t-il mon attente?
17. M'aime-t-il aussi?
18. Oracle, fixe mon choix?
19. Comment me juge-t-on?
20. Fais-je bien d'aller à cette soirée?

21. Quelle conduite dois-je tenir?
22. Dois-je entrer en ménage?
23. Mon avenir sera-t-il heureux?
24. Hériterai-je un jour?
25. Qui dois-je choisir?
26. Résisterai-je encore longtemps?
27. Dois-je croire à sa constance?
28. Oracle, dis-moi ma position morale?
29. Ne me cache rien sur l'avenir.
30. Dois-je faillir?
31. La coquetterie me sera-t-elle funeste?
32. Mes enfants consoleront-ils mes vieux ans?
33. Dois-je travailler à développer mon intelligence?
34. Aurai-je assez d'amabilité pour plaire?
35. Me pardonnera-t-il?
36. Sera-t-il changé lorsqu'il reviendra?
37. Oracle, quand finiront mes peines?
38. Mon honnêteté sera-t-elle reconnue?
39. Ma bonne santé sera-t-elle durable?
40. Mes enfants seront-ils heureux?
41. Mes projets seront-ils entravés?
42. Qui sera le préféré?
43. Suis-je soupçonnée?
44. Mes amis me seront-ils dévoués?
45. Le jeu me sera-t-il favorable?

46. Dois-je oublier l'injure?
47. Toucherai-je sa sensibilité?
48. Pourrai-je le conserver?
49. Ma jeunesse sera t-elle longue?
50. Qui aurai-je pour soutien?
51. Vivrai-je aux champs ou à la ville?
52. Que dois-je voir dans les fleurs?
53. Oracle, dépeins-moi l'amour.
54. Connais-je assez la peine?
55. Ai-je assez connu le plaisir?
56. Comment doit-on envisager l'âge avancé?
57. De la femme quel est le plus bel âge?
58. Toutes les femmes se ressemblent-elles?
59. Est-ce une faute grave?
60. Pour l'enchaîner, quel est donc le moyen?
61. En lui écrivant aurais-je tort?
62. D'une femme quel est le mauvais côté?
63. Oracle, dénonce-moi mon principal tort.
64. Redis-moi mon passé.
65. Peut-on croire dans la dévotion féminine?
66. Dans le beau sexe où gît le cœur?
67. Quelle doit être mon occupation?
68. Serai-je l'objet de sa reconnaissance?
69. Le meilleur mari comment le reconnaître?
70. Une trahison comment se punit-elle?

71. Dois-je l'oublier?
72. Ai-je tort de tant gémir.
73. Le savoir m'est-il nécessaire?
74. Mes rivales ont-elles plus de mérite que moi?
75. Où choisir le modèle?
76. Comment triompherai-je des médisants?
77. Comment cela se terminera-t-il?
78. Comment l'entretenir en secret?
79. Mon amie est-elle sincère?
80. Sortirai-je bientôt de ma fâcheuse situation?
81. Me comprend-il?
82. Serai-je franc?
83. Dois-je m'emporter?
84. Quelles études dois-je suivre?
85. D'où naissent mes chagrins?
86. Dois-je débuter?
87. Comment guérir mon ennui?
88. D'où vient l'effet qu'il me produit?
89. Qui donc m'aura?
90. En faire l'abandon, est-ce sage?
91. Comment faire oublier mon erreur? [elles?
92. Sage-femme et femme sage, en quoi diffèrent-
93. Tous les époux se ressemblent-ils?
94. Que dois-je craindre le plus? [prend-elle?
95. La liberté, chez la femme, comment se com-

96. Oracle, indique-moi de sûrs expédients.
97. Quelle est la meilleure position physique?
98. D'une femme quel est le plus sincère ami?
99. Qu'entend-on par l'honneur?
100. La haine est-elle naturelle chez le beau sexe?

RÉPONSES DU QUADRUPLE ORACLE

I. Vous devez vous en douter.
II. Votre ménage vous l'apprendra.
III. Interrogez votre cœur.
IV. Résignez-vous et attendez.
V. Dépêchez-vous si vous voulez le conserver.
VI. Parcourez-les tous pour l'apprendre.
VII. Ce que vous ne connûtes jamais.
VIII. Vos soupirants en seront marris.
IX. Oh non jamais !...
X. Si la raison les guide.
XI. Secouez d'abord votre joug.
XII. Vous voulez donc succomber à la tâche.
XIII. Une réminiscence de votre jeunesse.
XIV. Un ami de votre époux.
XV. Réformez-la, je vous le conseille.
XVI. Son amour est sincère.
XVII. Vous ne risquez rien.
XVIII. Constance et fidélité paieront votre mérite.
XIX. Votre honneur en profitera.
XX. Votre amour est payé de retour.
XXI. Innocent autant que vous.
XXII. Oui, pour une femme vertueuse.
XXIII. Comptez là-dessus, si vous êtes crédule.
YXIV. De l'endroit qui remplit vos pensers.
XXV. Il fait plus que vous ne pensez.

I. Vous le pourrez par intermédiaire.
II. En clémence.
III. Taire votre peine.
IV. Quelquefois par son âge.
V. De négliger la coquetterie.
VI. Toutes n'ont pas votre bonté.
VII. Ce que votre époux fera cesser.
VIII. Dans votre bonne conduite vous le trouverez.
IX. C'est un péché bien excusable.
X. Le plus digne de vous.
XI. Auprès de vos rivales jamais.
XII. Si vous trouvez une limite.
XIII. Jamais si vous êtes prudente.
XIV. Oui, en feignant d'obéir.
XV. N'y pensez pas, le fait existe déja.
XVI. Vous n'en aimâtes jamais qu'un.
XVII. Suivez le penchant de votre cœur.
XVIII. Oui, si vous croyez en Dieu.
XIX. L'incrédulité vous causera bien des pleurs.
XX. Immolez une hécatombe anx grâces.
XXI. Le seul amour de la vieille est son chat.
XXII. Le présent qui vous est offert.
XXIII. Vous le ferez un jour ou l'autre.
XXIV. Pour tous ce sera un mystère.
XXV. Vous n'en serez pas plus à redouter.

I. Bien sincère.
II. Vous ne savez rien imiter.
III. Aide-toi, le ciel t'aidera.
IV. De l'éducation maternelle.
V. Il est plein de noblesse.
VI. Aujourd'hui cela ne passe pas pour tel.
VII. Ce qui souvent vous fait pâlir.
VIII. Que craignez-vous auprès de vos amours?
IX. Vous le tenez déja.
X. Faire n'est rien, mais on affirme.
XI. D'un mal funeste à vos attraits.
XII. C'est bien là sa promesse.
XIII. Si vous visez aux succès.
XIV. Une faute ne rompt pas la foi.
XV. Un long remords de votre sévérité.
XVI. Que vous plaisez sans y prétendre.
XVII. Je ne me fais pas l'écho public.
XVIII. Oui, vous ne suivez que votre penchant.
XIX. Qui donc voudrait d'un impuissant?
XX. Inconstant à 20, réfléchi à 40, à 50 zéro.
XXI. Un Dieu méconnu du vulgaire.
XXII. Une victime échappée à la mort.
XXIII. Votre Dieu vous pardonne.
XXIV. Conservez-la, elle vous avantage.
XXV. Surtout quand vous devez demander grâ

I. Diffiicilement.
II. Par une conduite meilleure.
III. Évitez le bruit.
IV. Il vous en est redevable.
V. En vérité l'on en rira.
VI. Vous ne savez pas triompher.
VII. Le soir d'un beau jour.
VIII. Ce que vous tardez à donner.
IX. Jusqu'à vingt ans.
X. Plusieurs vous trompent.
XI. Dites-moi où vous les trouverez.
XII. Son désir est de vous le prouver.
XIII. Si vous mourrez la première.
XIV. Prenez le jour comme Dieu vous le donne.
XV. Qu'importe, il sera dissipé vite.
XVI. Plaisirs et joies vous y attendent.
XVII. Heureusement pour vous.
XVIII. Vous ne pouvez choisir.
XIX. Craignez l'un et l'autre.
XX. Par votre faute, pleine d'amertume.
XXI. C'est souvent sa dernière extrémité.
XXII. Vos charmes ont été réputés.
XXIII. Le désespoir d'un époux.
XXIV. Que vous êtes dans l'adolescence.
XXV. Petit à petit.

I. Pourrait-il le désapprouver?
II. Tout à votre gloire.
III. Comme oubli.
IV. Le plus confiant.
V. Un retour à Dieu.
VI. Son commerce t'est si agréable.
VII. Dépêche-toi de jouer.
VIII. Ce qui vous captive.
IX. Vous conserverez de bons restes.
X. Le hazard est si bizarre!
XI. Vos parents pleureront leur faiblesse.
XII. Ils finiront si vous êtes libérale.
XIII. Tous les jours vous le cultivez assez.
XIV. D'être trop sans soucis.
XV. Le plus dissimulé.
XVI. Poursuivez votre début.
XVII. Doutez si vous voulez.
XVIII. Ils sont bien trop faux.
XIX. Dormez tranquille là dessus.
XX. Mari qui ne sait rien, toujours se trouve bien.
XXI. Combien en voulez-vous donc?
XXII. Fuyez l'hypocrisie.
XXIII. Vous voyez bien qu'on les change.
XXIV. Soyez sans crainte sur leur bonté.
XXV. De son inconstance... hélas!

I. Vous êtes trop franche.
II. Contentez-vous du style épistolaire.
III. Vous n'en avez pas.
IV. Soyez infidèle à votre tour.
V. Par sa modestie d'abord.
VI. De céder à contre temps.
VII. Si peu ont votre bonheur.
VIII. Pour vous, une plaie au cœur.
IX. Tel que vous ne croyez pas.
X. Son amitié vous désespérera.
XI. Votre plus intime.
XII. Vous vous produisez trop.
XIII. Méfiez-vous votre mari est ombrageux.
XIV. Si vous restez couchée... Non !
XV. Assez d'illusions comme cela.
XVI. L'on sait que vous en brûlez d'envie.
XVII. Le blond par contrat, le brun vous savez où.
XVIII. Vous fûtes trop longtemps insensible.
XIX. Non !
XX. Ainsi que moi vous ne pouvez y croire.
XXI. Craignez une première faute.
XXII. C'est une bigotte.
XXIII. Les faiblesses de votre sexe.
XXIV. Cela serait son coup de bas.
XXV. Votre conscience ne l'admet pas.

I. Comment le ferez-vous.
II. Vous serez toujours parents.
III. Soyez votre propre modèle.
IV. Faites quelques efforts encore.
V. A surveiller votre fille.
VI. La soif des aventures.
VII. A cause des suites.
VIII. Volage comme un papillon.
IX. Aux champs on coule d'heureux jours.
X. N'y comptez pas, il est trop platonique.
XI. Quand vous en donnez le motif.
XII. De jalousie.
XIII. Oui, puisqu'il en fut cause.
XIV. Les fats n'aiment qu'eux.
XV. L'esprit est plus prompt que la chair.
XVI. Quiconque sème récolte.
XVII. Vous comprenez bien l'amour.
XVIII. Votre modestie m'intimide.
XIX. Vous l'êtes et je vous plains.
XX. Toujours.
XXI. Plus fort que vous en dépit de l'âge.
XXII. La vertu d'une grande âme.
XXIII. Un des plus grands de son siècle.
XXIV. Par un repentir sincère.
XXV. Pensez qu'elle touche à sa fin.

I. Par l'étude.
II. Si l'on vous aide.
III. Ils ne pourront jamais vous nuire.
IV. Souffrez sans vous plaindre.
V. Si la reconnaissance ne lui coûte rien.
VI. Elle est trop flateuse pour vous.
VII. Laissez à d'autres ce soin.
VIII. L'heure où l'on moissonne.
IX. Ce que vous perdites si jeune.
X. Qu'en feriez-vous?
XI. Vous pouvez marcher sans leur aide.
XII. Ce que produiront vos exemples.
XIII. Oui, malgré l'orage.
XIV. En dépit des envieux, vit bien le rat goutteux.
XV. Le dépit d'une défaite.
XVI. Ce ne sera que le prix de vos faveurs.
XVII. Dansez, mais craignez les argus.
XVIII. C'est la voix de l'honneur.
XIX. Éprouvez les conseils d'autrui avant les [vôtres.
XX. La fortune vous vengera des injures du temps
XXI. Calme comme votre amour.
XXII. Souvent pour plaire.
XXIII. C'est de gronder sans colère.
XXIV. Ce que tout homme redoute le plus.
XXV. Que vos tentations sont vaines.

I. De l'absence du bien que vous désirez.
II. Mais il attend d'en rire.
III. Celui d'nne honnête intrigue.
IV. Celui de se faire aimer.
V. Le plus sentimental.
VI. Un supplément au bonheur terrestre.
VII. A son départ vous lui avez promis.
VIII. La première année de ses noces.
IX. Un feu de Vestale.
X. Tard, si vous vous modèrez.
XI. Parce qu'on ne voudra pas vous faire perdre.
XII. Vous aurez de si nobles goûts.
XIII. Quand vous aurez moins de fierté.
XIV. Il est à son avantage.
XV. Une grande jouissance vous est promise.
XVI. Votre plus proche parent.
XVII. Soyez surtout à vos enfants.
XVIII. Ne cherchez pas à le savoir.
XIX. Le destin vous protége.
XX. Leurs soins vous rendrons plus amoureux.
XXI. Aujourd'hui ce fait coûte peu.
XXII. Il en est qui pressent plus que vous.
XXIII. L'illusion tourne souvent à la réalité.
XXIV. Il s'en trouve de plus ou moins prodigues.
XXV. Vous pouvez vous passer de tous.

I. Ne vous reprochez vous pas déjà ce fait ?
II. Ce métier ne vous convient pas.
III. Quand même cela serait connu.
IV. En astuce.
V. L'excuser de nouveau.
VI. Par sa jovialité.
VII. De vendre ce qui se donne.
VIII. Hors vos prétentions.
IX. Le pain quotidien de la vierge.
X. Seule vous pouvez vous soutenir.
XI. Croyez qu'il est naïf.
XII. Il y en a un qui déserte la place.
XIII. Si vous vous couvrez d'un bon manteau.
XIV. Vous possédez l'art de plaire.
XV. Cela ne se peut avec un sûr mentor.
XVI. Gardez-vous en bien.
XVII. Si vous voulez faire votre salut.
XVIII. Vos serments passés tracent votre choix.
XIX. Et... votre vertu ?
XX. Pauvre aspirante, que vous êtes curieuse.
XXI. Votre sort est fixé.
XXII. Allez en toute sécurité.
XXIII. L'innocente raffole d'un mari.
XIX. Ce que l'on vous conseille le plus
XXV. Reconnaissez qu'il n'est pas pour vous.

I. De votre esprit bannissez la crainte.
II. Il saura bien que vous l'abusez.
III. N'en doutez pas.
IV. Votre recpcctable mère.
V. Le terme en est venu.
VI. A ce qui mieux lui convient.
VII. L'impatience dans vos projets.
VIII. Vous ne la commettrez jamais.
IX. Ce qui vous fait vivre.
X. La vertu aime la vie champêtre.
XI. Il lui faut plus d'effet que d'air.
XII. Votre conduite est irréprochable.
XIII. Par trop d'orgueil.
XIV. L'oubli fera son bonheur.
XV. L'excès commande qu'on l'évite.
XVI. Moins une erreur de jeunesse.
XVII. Un triste souvenir du passé.
XVIII. Mais... on pense peu à vous.
XIX. Aujourd'hui je ne veux pas jacasser.
XX. Après vingt ans d'une heureuse union.
XXI. Malgré vos torts, il vous reviendra.
XXII. Votre soutien votre appui en tout temps.
XXIII. Ce que vous ne voulûtes jamais vendre.
VXIV. Un Spartacus reprenant ses chaines.
XXV. En utilisant mieux les occasions.

I. Que vous l'aimez.
II. Votre éducation est achevée.
III. Dans un neuf mois.
IV. De celui qui vous aime rapprochez vous.
V. Il garda bien le silence.
VI. Il vous rendra plus qu'il n'aura reçu.
VII. Ce serait celle d'une honnête femme.
VIII. Assez vivent sous vos lois.
IX. Le désespoir de la coquette.
X. Ce qui vous manque.
XI. Si la vie vous gène.
XII. Ce que méritent vos charmes.
XIII. Mais... ils ne sont pas encore venus.
XIV. De même que lorsqu'il parti.
XV. Enfant, que tenez-vous à savoir?
XVI. La joie d'une belle conquête.
XVII. De la part d'un homme en place.
XVIII. Ta présence y causerait de l'ennuie.
XIX. Votre cœur est trop égoïste.
XX. Que les avis des autres vous servent d'ordres.
XXI. Après l'amour, la fortune.
XXII. Qu'ils soient votre ouvrage.
XXIII. Par un coup irréfléchi.
XXIV. Saisissez bien l'occasion.
XXV. L'être le plus digne d'envie.

I. A Dieu notre maître.
II. De son indifférence.
III. Il s'en moque.
IV. Un succès complet.
V. Quand elle est moins prétentieuse.
VI. Que vous importe? n'avez vous pas le vôtre.
VII. Un hommage… aux grâces.
VIII. Vous avez tardé.
IX. Le lieu où elle peut aimer.
X. Un vieillard ennuyeux.
XI. Votre cœur ne vieillira pas.
XII. Si vous savez vous y prendre.
XIII. Jamais en amour.
XIV. A la suite de votre inconstance.
XV. Vous le pouvez, et rendre service.
XVI. Pleins de doux et tendres souvenirs.
XVII. Le moins avare.
XVIII. Celle d'une femme de bon ton.
XIX. Il ne sait pas tromper.
XX. Risquez. vous ne creignez rien.
XXI. Sa gravité vous garanti.
XXII. Allez toujours sans crainte.
XXIII. Déplorez votre refus.
XXIV. L'instant d'une première défaite.
XXV. Leur franchise est égale.

I. Votre bonheur le réclame.
II. Si vous n'en craignez pas un second.
III. C'est un rôle qui vous convient.
IV. Il vous en facilitera les moyens.
V. Vous les laissez trop loin de vous.
VI. Feindre de ne le pas savoir.
VII. Par son amabilité.
VIII. De n'y pas avoir confiance.
IX. Le désespoir serait votre lot.
X. Celui qui vous aime vous le dira.
XI. Vos enfants.
XII. Ses larmes ne vous toucheraient donc pas.
XIII. L'à-propos le plus libéral.
XIV. Malgré quelques fredaines.
XV. En singeant la décence.
XVI. Un danger en appelle un autre.
XVII. Vous avez trop tardé.
XVIII. Oui, pour servir de modèles aux autres.
XIX. Votre premier vaut mieux.
XX. Si les suites ne vous effrayent pas.
XXI. Aucun... si vous êtes une Lucrèce.
XXII. Qui donc mentirai à votre franchise.
XXIII. Si vous gardez bien votre secret.
XXIV. Pour le petit nombre, un mari.
XXV. Ce que vous poursuivîtes longtemps.

I. On l'oublia.
II. Le voir plus souvent.
III. Seulement pour quelques jours.
IV. Elle vous en a donné des preuves.
V. Vos habitudes sont formées.
VI. Vous ne pouvez continuer.
VII. Que vos occupations soient les mêmes.
VIII. L'hypocrisie.
IX. Non parce qu'elle est vulgaire.
X. Un bien qu'en vain vous poursuivez.
XI. Votre cœur vous attache à la ville.
XII. Vous pouvez les porter ailleurs.
XIII. Oui. de plus méchants que vous.
XIV. Un bras vigoureux sera votre sauveur.
XV. Il n'osera plus revenir.
XVI. Sans quitter votre état.
XVII. Après chutes et rechutes.
XVIII. Dieu veille sur vous.
XIX. Les rires sont en votre faveur.
XX. Toute vérité ne se dit pas.
XXI. Si vous ne les ménagez.
XXII. Si vous êtes toute à lui.
XXIII. Peu apte à certain jeu.
XXIV. Le gardien des vertus.
XXV. Ce que vous n'êtes plus.

I. Un phénix qui fuit nos climats.
II. Que vous craignez de le perdre.
III. A l'école de votre amie.
IV. Il vaut mieux y rester,
V. En évitant leur présence.
VI. On se rirait de vos plaintes.
VII. Si vous n'obligez que lui.
VIII. Elle serait trop longue.
IX. Sans efforts vous y réussirez.
X. Pour la femme sage, un doux repos.
XI. Ce qui plaît le plus en vous.
XII. Malgré vos soins il s'échappera.
XIII. Ignorez-vous qu'il n'est plus d'amis.
XIV. Le bon ne produit pas de mauvais.
XV. Malheureuse? le voudriez-vous?
XVI. Ils feront la gloire de votre vieillesse.
XVII. Les bruyantes joies du monde.
XVIII. Pensez plutôt à choisir votre héritier.
XIX. Vos adorateurs brûlent de vous y voir.
XX. Attendez, pour votre bien.
XXI. Malgré les remontrances soyez ferme.
XXII. Quand votre cœur saignera ne m'interrogez [pas.
XXIII. Tout dépendra de votre conduite.
XXIV. D'une mortelle haine.
XXV. La voie des correspondances.

I. Pas tout-à-fait.
II. A qui vous tend la main.
III. Parce que la solitude vous fuit.
IV. Moins que vos rigueurs passées.
V. Vous l'avez vu se dérouler.
VI. La plus laide en est embellie.
VII. Un aveugle conduit par un quinze-vingt.
VIII. Le droit présumé de médire.
IX. Si vous l'aimez encore.
X. L'âge qui lui laisse sa liberté.
XI. Le père du mensonge.
XII. Après une longue et brillante course.
XIII. Tes bénéfices seront mesquins.
XIV. Si tu ne les fait point connaître.
XV. Quand Pétrarque aura sa Laure.
XVI. Songez plutôt à votre ménage.
XVII. D'aimer à contre-temps.
XVIII. Conservez-les tous ; mais soyez à un seul.
XIX. Gardez vous d'intrigues.
XX. Oui, pour l'instant.
XXI. Leurs conseils sont inspirés par jalousie.
XXII. Sa première conquête le fixera.
XXIII. Une amie révélera tout
XXIV. Si vous êtes plus réservée.
XXV. De vivre plus de fortune que de revenu.

I. Les airs de mijaurée.

II. Vous le feriez gratis.

III. Il causerait votre perte.

IV. Vous voudriez donc paraître méchante ?

V. Bientôt cela vous sera possible sans vous cacher.

VI. Vous leur êtes inférieure.

VII. Lui, vous trahir ? jamais !

VIII. Par le jeu qui vous est connu.

IX. De ne pas savoir feindre.

X. Vous les dominez toutes.

XI. Ce que votre présence fait aux cœurs.

XII. Ceux qui vous entourent.

XIII. Combien de fois eûtes-vous son pardon ?

XIV. L'on revient toujours à ses premiers amours.

XV. Un intrigant voudra le faire croire.

XVI. Si vous semblez dédaigner de plaire.

XVII. Quelquefois et sans glace.

XVIII. Pourquoi prolonger votre martyre.

XIX. Si vous trouvez.

XX. Vous saurez les occuper tous les deux.

XXI. Vous ne le pouvez sans danger.

XXII. Ils seront votre plus bel ornement.

XXIII. Il ne vous a jamais dit que ce qu'il éprouvait

XXIV. Ne soulevez pas le voile de l'avenir.

XXV. Changez votre numéro, pour cause.

I. Celle qui se conservera toujours pure.
II. Vous voudriez-bien recommencer.
III. Renoncez au jeu.
IV. Oui, pour le punir.
V. Elle vous croit sa rivale.
VI. Celle que vous préférez.
VII. Vous aurez trop beau jeu.
VIII. A faire un bon choix.
IX. Trop de complaisance pour votre mari.
X. L'amour l'efface.
XI. Une liqueur dont vous êtes avide.
XII. Les champs vous réclament quand même
XIII. Assurément, s'il vous aime.
XIV. Bien injustement.
XV. D'un mal de... cœur.
XVI. Il n'a voulu que s'amuser un peu.
XVII. Vous n'en serez pas plus estimée.
XVIII. Vous ne pouvez vous le promettre.
XIX. Semé parfois d'épines.
XX. Que votre conscience vous serve d'oreiller.
XXI. Ne m'interrogez jamais devant témoin.
XXII. Faites appel à votre bon sens.
XXIII. Aujourd'hui ce serait un merle blanc.
XXIV. Sans aliment pour votre feu.
XXV. Ce par quoi vous régnez.

I. Vous ne sauriez en profiter.
II. Le chef-d'œuvre de Dieu.
III. Qu'il est tout à vous.
IV. En les étudiant tous.
V. Bientôt vous vous en ferez un autre.
VI. Bruit de ville n'est que vent.
VII. De votre plainte où est le sujet ?
VIII. Cherchez quelque chose de mieux.
IX. Je ne veux pas révéler vos intrigues.
X. Par une vertu austère.
XI. La veille d'un long sommeil.
XII. Cherchez ce que vous laissâtes au lit nuptial.
XIII. Votre cœur est trop bon, il s'y refuse.
XIV. Amour et constance.
XV. Ambitieux avec noblesse.
XVI. Sur les ailes du temps l'amour s'envole.
XVII. Les uns compenseront les autres.
XVIII. Vous fîtes pacte avec le bonheur.
XIX. Celui qu'on ne peut vous ravir.
XX. C'est un devoir de bienséance.
XXI. Redoutez qui vous presse.
XXII Ne cédez jamais qu'à bon droit.
XXIII. Pincez le premier tondu.
XXIV. Des plaisirs vrais.
XXV. Son visage dément son cœur.

I. L'état de vierge pour une laide.
II. Ils ont beaucoup de ressemblance.
III. A votre époux.
IV. De son absence.
V. Parce qu'elle limite ses goûts.
VI. Ne l'attendez pas heureux.
VII. Quand elle est bien réglée.
VIII. Souvent un vrai niais.
IX. Un regret du temps qui n'est plus.
X. L'amour vous l'ordonne.
XI. L'heure qui la rend esclave.
XII. Un beau jour sans lendemain.
XIII. Hélas! pas de roses sans épines.
XIV. Choisissez bien votre adversaire.
XV. L'intérêt vous perdra.
XVI. Pas de guérison à cette blessure.
XVII. Vous êtes en bonne voie, marchez.
XVIII. Vous aurez une grande progéniture.
XIX. Lequel pourriez-vous sacrifier?
XX. Payez de retour, on vous aime.
XXI. Songez que toutes fleurs se fanent.
XXII. Ils sont tous deux dans vos intérêts.
XXIII. Vous le découvrirez en feignant de l'ignorer
XXIV. Vous voudriez bien qu'on le connaisse.
XXV. Pas avant cinq ans d'ici.

I. Un bon mari.
II. Les rendez-vous.
III. Pourquoi?
IV. Vous avez déjà... vous savez bien.
V. Conservez toujours votre franchise
VI. Vous l'avez toujours devant vous.
VII. En amour.
VIII. Ne plus le voir.
IX. Par son fonds propre.
X. De brûler un cierge à chaque saint.
XI. La même main les a formées.
XII. Ce que vous ne voulûtes jamais soulager.
XIII. Celui qui vous adore.
XIV· Que ce pardon vous sera doux.
XV. Le plus galant.
XVI. La calomnie n'a pas de bornes.
XVII. Auprès de la bonne compagnie.
XVIII. Mal-à- propos une fois.
XIX. Employez bien vos instants, le temps fuit.
XX. Soyez platonique... si vous pouvez.
XXI. Votre voisin d'en face.
XXII. Si vous le pouvez sans remords.
XXIII. Cela peu vous occupera.
XXIV. Oui, mais ne vous y fiez pas.
XXV. Curieuse, vous le méritez bien.

I. Un seul mot indiscret.
II. Celle qui vit avec honneur.
III. Par un vrai retour.
IV. Cherchez une compagnie.
V. Ayez-la plutôt dans le cœur.
VI. Défendez-vous de son amitié.
VII. Celle qui vous ressemble le moins.
VIII. Puisque c'est votre amusement.
IX. A fuir la nonchalance.
X. Des feux trop ardents.
XI. Combien voudraient la commettre.
XII. Un vieillard encore vert.
XIII. Ce n'est pas à votre choix.
XIV. Vous le tenteriez en vain.
XV. Vous paierez votre indiscrétion.
XVI. Une douzaine au moins.
XVII. Jamais il n'aura cette méchanceté.
XVIII. A quelle bourse puiserez-vous?
XIX. C'est hors de mode.
XX. Il vous vengera de vos calomniateurs.
XXI. Les méchants seuls vous attaquent.
XXII. Parce que je ne saurais flatter.
XXIII. Oui, et vous en serez la cause innocente.
XXIV. La fortune seule l'attirera vers vous.
XXV. Vous l'avez, ne vous en plaignez pas.

I. Si Dieu la fit belle c'était pour aimer.
II. Prenez les plus expéditifs.
III. Un singe malin.
IV. Combien vous voudriez qu'il vous comprisse
V. Vous en savez déjà de trop.
VI. En démentant le fait.
VII. Vous ne pouvez leur fermer la bouche.
VIII. Que lui seul connaisse votre peine.
IX. Vous voulûtes l'obliger gratis.
X. Elle est trop maussade.
XI. Par la puissance de vos appas.
XII. Ce que vous redoutez le plus.
XIII. Ce que votre mari attendra de vous.
XIV. Il vous causerait trop de tourments.
XV. C'est de vos amants qu'il s'agit ?. . . motus !
XVI. Distingués par leurs manières.
XVII. Je suis franc, adressez-vous à d'autres.
XVIII. Ils charmeront vos ennuis.
XIX. L'amertume d'un refus.
XX. Mon enfant, vous l'attendrez longtemps.
XXI. L'on rirait trop de vous y voir.
XXII. Songez que son retour est incertain.
XXIII. Soyez docile à votre entourage. [vite.
XXIV. Je vous prédis que votre cœur se charmera
XXV. Celles d'une vertueuse et digne femme.

I. Trop tôt.
II. L'État que vous vous êtes choisi.
III. Une différence marquée existe entre eux.
IV. Une nullité.
V. Vous n'êtes pas libre.
VI. Encore quelques mois vous le saurez.
VII. Pour l'instant.
VIII. Fi des *bas bleus* !
IX. A chaque bras sa main.
X. Elle n'est pas toute pour Dieu.
XI. Si vous voulez sécher ses larmes.
XII. A la naissance de ses appas.
XIII. Un Dieu auquel tout sacrifie.
XIV. Oui, mais n'accusez pas la nature.
XV. Votre mari l'emportera.
XVI. On aurait tort de les forcer.
XVII. L'on recherche le remède.
XVIII. Vous n'avez, on le sait, que de la volonté.
XIX. Attendez, de pied ferme.
XX. Le temps est un bon instituteur.
XXI. Calmez un peu vos sens.
XXII. Vous ne pouviez mieux vous rencontrer.
XXIII. Vous croyez à la sincérité d'une rivale...folle!
XXIV. Si vous connaissez laquelle, vous ririez.
XXV. Pas de feu sans fumée.

I. Si l'affabilité est votre lot.
II. Un mari *pour rire*.
III. Le trop grand nombre de marmots.
IV. Personne ne vous y force.
V. Il se fait sans qu'on y pense.
VI. L'on vous connaît, beau masque.
VII. A la brune.
VIII. En rigueurs de tous genres.
IX. Le solder en même monnaie.
X. Par le luxe, rarement.
XI. De ne pas garder un secret.
XII. Toutes n'ont pas votre cœur.
XIII. Vous ne l'avez pas oubliée.
XIV. Un papa gâteau.
XV. La brouille lui plaît.
XVI. Le dernier aura raison.
XVII. Il n'y a qu'une sorte d'honnêteté.
XVIII. Trop pour ne pas faire de jalouses.
XIX. En automne seulement.
XX. Plus qu'un autre pourquoi le rebâtir?
XXI. Je vous l'ordonne.
XXII. Le plus solide, croyez-moi.
XXIII. D'autres le dédommagent de vos rigueurs.
XXIV. Vous ne pourrez vous en défendre.
XXV. Ne l'avez vous pas sondé assez?

I. Doux, probe et aimant.
II. Ce qui vous attire tant d'hommages.
III. Une femme remplissant ses devoirs.
IV. Vous en avez fait une longue pénitence.
V. Vous l'avez trouvé déjà.
VI. Si vous voulez l'éloigner pour toujours.
VII. C'est une menteuse !
VIII. Une hypocrite.
IX. Non, pas sitôt, non, non !
X. Aux préparatifs de vos noces.
XI. Une sensibilité excessive.
XII. La douceur est son premier mérite.
XIII. Un mets qui vous est familier.
XIV. Aux champs les amours sont chastes.
XV. Vous gagneriez une âme bien plus fière.
XVI. Non pas, non pas.
XVII. Attendez la première éclipse.
XVIII. Il vous laissera croire qu'il ne sait rien.
XIX. La vertu est la plus noble parure.
XX. Il vous rendra ce qu'il aura reçu de vous.
XXI. Il fera damner vos rivales.
XXII. L'on vous bafoue..... marchez toujours.
XXIII. Votre entêtement me dispense de leçons.
XXIV. Non, s'il est jeune et brun.
XXV. Espérez dans cet amour éternel.

I. Elles seront selon votre goût.
II. La haine vous sera toujours inconnue.
III. Prêtez-vous à ses vœux.
IV. Le plus riche trésor d'un homme.
V. Il vous tarde beaucoup de l'avoir.
VI. Comme vous étudiez à quinze ans.
VII. Si vous pouvez les tromper.
VIII. Vous les empêcherez toujours de rire.
IX. Justifiez-vous.
X. Il ne vous rendra pas ce qu'il vous prit.
XI. N'éveillez pas le chat qui dort.
XII. En les payant d'espoir.
XIII. Ce à quoi vous pensez le moins.
XIV. Une chaumière et son cœur.
XV. Vous seriez la première de votre famille.
XVI. Comptez sur leur bon caractère.
XVII. Tels que vous l'espériez.
XVIII. Demain ne vous appartient pas.
XIX. Ils s'étudieront à vous plaire. [prennent.
XX. Les jouissances de deux cœurs qui se com-
XXI. Fasse Dieu qu'il ne vous arrivent jamais.
XXII. Auparavant jurez de garder votre pudeur.
XXIII. Il vous faut donc un second?
XIX. L'amour seul sera votre guide.
XXV. Un noble cœur fait un prompt choix.

I. Non, si vous choisissez bien.

II. Il reviendra dans peu.

III. Celui de vivre libre.

IV. Ils sont hommes, voilà tout.

V. Restez dans votre sphère.

VI. Les souvenirs nourrissent les vieillards.

VII. Il la voudrait pour lui seul, ...l'égoïste!

VIII. Il navrera votre cœur.

IX. L'on dit *oui*, lorsque vous parlez.

X. Vous le mènerez tambour battant.

XI. Un indice fatal.

XII. Votre lettre s'égarera en route.

XIII. Quel fut le vôtre?

XIV. Le plus fort des aimans. [reste.

XV. Narguez le temps, vous conserverez un beau

XVI. Vous serez toujours malheureux au jeu.

XVII. Si vous ne perdez pas courage.

XVIII. L'avarice le prolongera.

XIX. Ah! gardez plutôt votre innocence.

XX. Celui qui est réservé à la femme parfaite

XXI. Leur encens ne vous a jamais suffoquée.

XXII. D'être toujours prévenante.

XXIII. Vous occupez tout son cœur en entier.

XXIV. Un véritable ami ne trompe jamais.

XXV. Aisément il reviendra vers vous.

I. Croyez à sa sincérité.
II. Peu d'abord, beaucoup ensuite. [cœur.
III. Pour vous, celui que vous portez dans le
IV. Sa présence.
V. Il vous en coûterait tant de larmes.
VI. Il entraînerait une chûte.
VII. Elle vous tient souvent lieu de vertu.
VIII. Tout se sait à la longue.
IX. Vous vous valez.
X. Nier que vous l'aimâtes.
XI. Le mystère est dans la nature.
XII. Vous l'ignorez sans cesse.
XIII. Moins votre franchise.
XIV. Ce qu'enfantent vos rigueurs.
XV. Votre ancienne amie.
XVI. Non! fille de marbre.
XVII. Celui qui aura su le mieux vous respecter.
XVIII. Où la médisance trouve-t-elle prise.
XIX. Vous le serez sans le croire.
XX. Toutes les feuilles tombent.....et vous?
XXI. Il peut y vivre sans dommage.
XXII. Vite, vite, certaine raison vous le commande.
XXIII. Aucun de vos adorateurs.
XXIV. Oui, si son amour égale le vôtre.
XXV. Quiconque mal embrasse mal étreint.

I. Vous embrasez tous les cœurs.

II. De chair et non de bois.

III. La fuite du scandale.

IV. De son mari la dernière servante.

V. Rachetez-la par vos caresses.

VI. Vous ne le voyez pas assez.

VII. Si ses caresses vous fatiguent.

VIII. Elle ne peut l'être.

IX. Votre première et tendre institutrice.

X. Si vous voulez qu'il vous quitte.

XI. A vous en procurer un.

XII. Une timidité absurde.

XIII. Oh! jamais, n'en faites l'aveu.

XIV. Le jeu favori des amants.

XV. Le grand monde est votre élément.

XVI. Elles vous donneront un amant, mais un époux, jamais!

XVII. Vous pouvez l'ignorer.

XVIII. Conséquence d'une nouvelle mensongère.

XIX. Si vous fuyez votre complice.

XX. Vos enfants, voilà votre plus belle parure.

XXI. Oui, ne pouvant trouver mieux.

XXII. Une macédoine de peines et de plaisirs.

XXIII. Vous êtes sa madone, mon enfant.

XXIV. Votre curiosité sent l'effronterie.

XXV. Jamais, si vous n'avez pas *oublié*.

I. Oui, si vous suivez la mode.
II. Contraints à votre humeur.
III. Cela ne se peut.
IV. Le seconder dans ses vues.
V. La pierre philosophale,
VI. Que vous êtes encore tout feu toute flamme
VII. En profitant de ses leçons.
VIII. Vous n'êtes pas novice,·tirez-vous de là?
IX. Ils veulent seulement plaisanter.
X. Ne vous plaignez pas vous auriez trop à faire
XI. Si on ne l'en détourne pas,... oui?
XII. Vous sûtes les amuser.
XIII. Quelquefois, mais en cédant.
XIV. La paralysie de certain membre.
XV. Le mirage du bonheur.
XVI. Mon Dieu, à défaut d'acquéreur on le donne
XVII. Ils ne vous manqueront jamais. [cornes.
XVIII. Les bœufs ne se ressemblent que par les
XIX. Aimant de plus en plus.
XX. Ils seront formés à une si bonne école.
XXI. D'être estimée de chacun.
XXII. Si vous pouvez garder votre persévérance.
XXIII. Oui, pour ne pas vous montrer ridicule.
XXIV. Vous aurez de la patience, dans l'attente.
XXV. Un conseil sauve souvent bien des pleurs

I. Plus que vous ne voudriez.
II L'ombre le recouvrira sans cesse.
III. Vous l'embrasserez dans quelques jours.
IV. Celui qu'on vous propose.
V. Presque tous ont le même *front*.
VI. A votre meilleure amie.
VII. Ils sont l'apanage du beau sexe.
VIII. Il la trouve trop instruite.
IX. Il travaille à son bonheur..
X. Votre sexe n'a-t-il pas aussi sa raison ?
XI. Celui que vous préférerez.
XII. Elle n'est point éclairée comme la vôtre.
XIII. Vous ne le devez pas, l'honnêteté vous le dé-
XIV. A 40 ans vous le saurez sans doute. [fend.
XV. De toute vertu, c'est le principe.
XVI. A bonne heure du corps, tard de volonté.
XVII. Ni perte, ni gain.
XVIII. Après une longue captivité.
XIX. Avant la chute des feuilles.
XX. Suivez votre destin.
XXI. Une fidèle image du présent.
XXII. Vous n'eûtes jamais d'adorateurs.
XXIII. Dans votre mise soyez réservée.
XXIV. Oui, mlagré les efforts de vos rivales.
XXV. Votre doute est une insulte leur faire.

I. De sept a douze.

II. Cela vous coûte si peu. [attachement.

III. Votre bonheur sera troublé par un secret

IV. Il y a tant de goûts.

V. La misanthropie.

VI. Voulez-vous donc en faire une relique.

VII. Lorsque l'on ne vous verra pas.

VIII. Devant vos parents et intimes.

IX. Il ne vous suffit pas de le voir.

X. Il les joue en nous gardant sa foi.

XI. En affecter du plaisir.

XII. Comment diable vous y êtes-vous prise.

XIII Votre sévérité les éloigne.

XIV. Vous êtes l'enfant gâté de la nature.

XV. A vingt ans on vous le dira.

XVI. Les mêmes qui l'ont été déjà.

XVII. Faites lui acheter son retour en grâce.

XVIII. Le plus *entreprenant* de tous.

XIX. Vous passerez pour quelque chose de plus.

XX. En accordant de légères faveurs.

XXI. Pour être tombée qu'avez-vous risqué?

XXII. Vous le devez en bonne hospitalière.

XXIII. Consultez votre penchant..

XXIV. Celui qui vous aima constamment.

XXV. Allez, si vous ne craignez pas les mépris.

I. Pas assez tôt, selon votre impatience.
II. Avec l'âge croîtra son amour.
III. Un peu trop jaloux.
IV. Ce que toujours vous conserverez.
V. Celle que l'amour trouve toujours rebelle.
VI. Vous n'en commîtes jamais. [esprit.
VII. Quittez cette lecture elle échauffe votre
VIII. Si vous voulez le rendre plus sage
IX. Jusqu'à ce jour elle l'a été.
X. Votre estimable et digne mère,
XI. La carrière se présente trop belle.
XII. A préparer une layette.
XIII. Dites-moi plutôt votre qualité dominante.
XIV. Lorsqu'elle se répéte.
XV. Le délassement du sage.
XVI. La campagne ne remplirait pas votre but.
XVII. Malgré vos rigueurs, il est à vous.
XVIII. On fait plus, on vous surveille.
XIX. D'un léger épuisement momentané.
XX. Son cœur en a reçu une atteinte mortelle.
XXI. Vos attraits parleront pour vous.
XXII. Vivez dans cette incertitude.
XXIII. L'avenir vous promet d'heureux jours.
XXIV. Les jalouses vous maudissent en enrageant.
XXV. Parce qu'il m'entendrait : Chut!

I. Que votre cœur vous conseille.
II. Le plus fin s'y blouserait.
III. Variées pour votre plaisir.
IV. Seulement pour un motif grave.
V. Ceux que vous avez enchaînés à votre char.
VI. On le devine en vous voyant.
VII. Que votre bonheur se fait bien attendre.
VIII. A l'école de la sagesse.
IX. Vous vous y plaisez beaucoup trop.
X. Laissez-les dire, sans crainte.
XI. Voulez-vous donc qu'il en épouse une autre.
XII. Impossible à lui comme à moi. [mîtes.
XIII. Vous donnâtes toujours ce que vous pro-
XIV. Vous avez tout ce qu'il faut pour cela.
XV. La chute des plus belles fleurs,
XVI. Un champ très-fécond pour la culture.
XVII. Jusqu'à ce qu'il soit mûr entièrement.
XVIII. Votre perte sans retour.
XIV. Leur union vous comblera de joie.
XX. Comptez sur un nouvel Abeilard, pauvre
XXI. Promettre et tenir sont deux. [Héloïse.
XXII. Le lourd fardeau d'une accablante chaîne.
XXIII. Demain, demain, c'est assez tôt.
XXIV. Oui, pour vous assurer votre conquête.
XXV. Si l'imagination suffit à votre entretien.

I. Ils vous tendent des piéges.
II. En vain voudraient-elles vous nuire.
III. Jamais, si vous êtes discrète.
IV. Il brûle d'être à vous.
V. Celui d'épouse.
VI. Ils sont plus ou moins patients
VII. Au premier qui vous aida.
VIII. De la crainte que vous avez de le perdre.
IX. Mais les autres la condamnent.
X. Hâtez-en le moment.
XI. Un sot dira : Non!
XII. Plusieurs disent le vôtre fort bon.
XIII. Le droit de bourreler un mari.
XIV. Que pourra vous dicter votre cœur.
XV. Lorsque ses feux sont moins vifs.
XVI. Ce qui dompte les forts.
XVII. Mettez le temps à profit.
XVIII. Vous ne fûtes jamais heureuse au jeu.
XIV. Si vous persévérez.
XX. Ils touchent à leur fin.
XXI. Votre santé vous le défend.
XXII. Toujours fleuri.
XXIII. Mais vous vous étudiez à les multiplier.
XXIV. Sachez veiller à tout.
XXV. Oui, et c'est la conséquence de votre choix.

I. Gardez-vous-en bien.
II. Plus que vous en voudrez.
III. Plutôt qu'accorder ce qu'il demande.
IV. Si vous vous défendez de la jalousie.
V. Celui qui la console en secret.
VI. La solitude.
VII. Non, non, jamais!
VIII. Mais n'en faites pas deux.
IX. Cela ne vous garantirait pas.
X. Vous ne risquez qu'un œil.
XI. Elles ne font pas comme vous, elles se
XII. Ce serait votre bonheur. [donnent.
XIII. Par une pudeur factice.
XIV. De ne pas mettre le temps à profit.
XV. Elles valent moins.
XVI. Le ciment de l'amour.
XVII. Votre nombreuse famille.
XVIII. S'il vous promet de mieux faire.
XIX. Celui qu'un accident vous forcera de prendre
XX. N'avez-vous pas d'assez beaux droits à ce
XXI. Même après la chute des feuilles. [titre?
XXII. Jamais en suivant le droit chemin.
XXIII. Oui, mais en secret.
XXIV. Voudriez-vous laisser perdre tant d'attraits?
XXV. Ma belle, il vous les faudrait tous.

I. Je n'ai rien de bon à dire.
II. Le veuvage ne sera pas long
III. Après dix lustres on dirait deux amants.
IV. Bon Joseph.
V. Un titre hors d'usage.
VI. Demandez-le aux *partageux.*
VII. Elle ne peut être expiée.
VIII. Moins rêver au bonheur futur.
IX. Il n'en sera que plus entreprenant.
X. Et la plus sincère.
XI. Vous devez la chercher loin.
XII. A qui voulez-vous céder la place?
XIII. A éloigner vos rivales.
XIV. Un peu trop de *gourmandise.*
XV. En quoi peut-elle l'être?
XVI. Ce qui vous occupe sans cesse.
XVII. Votre mari vous fera l'une et l'autre.
XVIII. Si vous les lui dispensez à propos.
XIX. Depuis le jour néfaste, où v...
XX. D'un dépit d'amour.
XXI. Oui, car il sait excuser une faiblesse.
XXII. Un demi-déshabillé vous sied mieux.
XXIII. Ses absences vous accommodent.
XXIV. D'aimer et d'être aimée.
XXV. On envie le sort de celui qui vous possède.

I. Hélas! il a vécu pour vous.
II. Votre âge a besoin d'un Mentor.
III. Nous ferez fructifier vos écus.
IV. Un peu fades et monotones.
V. Dans un accès de jalousie.
VI. Aucun ne peut vous réussir.
VII. Une *actrice* consommée.
VIII. Qu'il a su vous plaire.
IX. Ne vous en mettez pas en peine.
X. Combien d'autres s'en sont tirées!
XI. Tout le monde en fait justice.
XII. Ne te plains que lorsqu'on te foulera.
XIII. Hélas ! il le voudrait bien.
XIV. Vous fûtes un peu coquette.
XV. Vous vous entendez assez bien.
XVI. Le but vers lequel vous vous acheminez.
XVII. On le sait en vous voyant.
XVIII. Croyez-moi, c'est une bête à chagrin.
XIX. Les plaisirs d'une honnête liaison.
XX. Ils pourront atteindre bien haut.
XXI. Daignez excuser son âge.
XXII. Après quelques chagrins.
XXIII. Les joies d'un cœur brûlant d'amour.
XXIV. Un legs doublement heureux.
XXV. Vous en priver est au-dessus de vos forces.

I. Plus que vous ne méritez.
II. Vous ne les connaissez pas assez.
III. Quelle est celle que vous ne pouvez vaincre?
IV. Peut-on ne pas l'attendre d'un bavard?
V. Plusieurs aspirent à ce bonheur.
VI. Votre caractère est fait à tout.
VII. Un peu après, belle Agnès!
VIII. Vous n'êtes pas en peine.
IX. De votre sensibilité.
X. Il est encore à la connaître.
XI. Un joli petit marmot.
XII. Cultivez votre bel esprit.
XIII Celui qui dort le moins.
XIV. Souvent un dépit.
XV. Il ne voue aime plus.
XVI. Celui où on l'aime.
XVII. Ce qui se survit à soi-même.
XVIII. La rose n'a qu'un printemps.
XIX. Des marmots pour profit.
XX. Une fille libre est aujourd'hui un prodige.
XXI. Encore quelques années.
XXII. Pour vous la culture en est douce.
XXIII. Vous jouissez des préludes.
XXIV. Hélas! vous n'avez juste que l'argent.
XXV. Ne vous y révélez jamais tout entière.

I. Le plus aimant.
II. C'est un devoir, mon enfant.
III. Vous ne demandez pas mieux.
IV. Votre crédulité vous perdra.
V. Tant que vous ne serez pas exigeante.
VI. Celui qui ne la trahit jamais.
VII. L'inconstance.
VIII. Vous n'avez rien à y perdre.
IX. Pourvu que vous posiez bien le pied.
X. Si par là vous pouvez cacher vos amours.
XI. Comment l'avez-vous vu jusqu'alors?
XII. L'on vous accorde la préférence.
XIII. Le cacher à tous les yeux.
XIV. Qui pourrait le définir?
XV. D'afficher de la jalousie.
XVI. Moins votre esprit.
XVII. Un pain que deux amis partagent.
XVIII. Votre bonne mère.
XIX. Il ne vous manqua jamais.
XX. Le mieux bâti.
XXI. Jamais chez vous.
XXII. Par ce qui rend toutes les femmes aimables.
XXIII. Par distraction quelquefois.
XIX. Ne faites donc pas la prude.
XXV. Vous vous liez sans y songer.

I. Pouvez-vous l'ignorer.

II. Parce que vous ne me croyez pas.

III. Au bout de quelques années de ménage.

IV. Toujours, et pour votre vertu.

V. Fou de vos appas.

VI. Le prix de la vertu.

VII. Le plus grand phénomène de l'époque.

VIII. En faisant cesser vos rigueurs.

IX. Oublier votre faute.

X. Mettez-vous en colère, soit, mais pas en fureur.

XI. Elle est sur le point de rompre.

XII. La plus retirée du monde.

XIII. Quand vous n'en pourrez plus faire.

XIV. A chercher un moyen de le voir.

XV. Un excès de *dévotion.*

XVI. Gardez-vous de la commettre.

XVII. Un mets dont tous veulent goûter.

XVIII. L'orgueil vous attache à la ville.

XIX. C'est une si bonne pâte.

XX. Votre mari seul.

XXI. D'une comsomption passagère.

XXII. Il rougirait de vous la rappeler.

XXIII. L'occasion fait le larron.

XXIV. Et vous.

XXV. Un ample dédommagement du passé.

I. Allez sans crainte vous distraire.
II. Il reviendra trop tard.
III. A qui pourriez-vous vous fier.
IV. Vous n'êtes digne ni de l'un ni de l'autre.
V. Vous saurez vous les rendre agréables.
VI. Sa haine ne durera pas.
VII. Prodiguez-lui les louanges.
VIII. Ce que vous voudriez être.
IX. Il n'est pas seul à vous troubler.
X. En voyant faire les autres.
XI. On vous secondera.
XII. Leur blâme vous honore.
XIII. Taisez-vous, c'est votre faute.
XIV. Vous y mettez obstacle.
XV. Vous fîtes votre possible pour l'avoir.
XVI. Votre vue fait des esclaves.
XVII. Ce qui endort les maris.
XVIII. L'écueil du plus grand nombre.
XIX. Je ris de votre bonhomie.
XX. Je vous conseille de les éviter.
XXI. Bien le contraire de votre époux.
XXII. Si vous savez entretenir ses feux.
XXIII. Si votre indulgence a des limites.
XXIV. Les avanies d'une chute connue.
XXV. Comptez là-dessus et buvez de l'eau.

I. Celle d'une femme honnête.
II. Le doute est un outrage.
III. Ils sont dans l'erreur.
IV. Ne crains rien, il est inébranlable.
V. Vous le révélerez sans vous en douter.
VI. Oui, pour vous rendre heureuse.
VII. Celui que vous ne sûtes pas prendre.
VIII. Croyez que le vôtre est le meilleur.
IX. Au plus *large*.
X. Toute femme vous l'apprendra.
XI. Il sait que vous la lui devez.
XII. Vous vous en réjouirez.
XIII. Elle leur est quelquefois urgente.
XIV. Souvent petit est bon.
XV. Rarement un hommage à Dieu.
XVI. Pour lui dire ce que vous éprouvez.
XVII. Tant qu'elle peut faire des heureux.
XVIII. Les délassements d'une belle âme.
XIX. Avec vos qualités on ne vieillit pas.
XX. Si vous ne forcez pas trop votre jeu.
XXI. Jusqu'à votre mariage.
XXII. Vous tomberez de Carybde en Sylla.
XXIII. Vos premiers succès vous y engagent.
XXIV. Ils combleront votre espérance.
XXV. Il faut tant de soin aux belles plantes.

I. Gardez votre liberté.
II. Le plus galant.
III. C'est le premier pas qui coûte.
IV. Assez pour vous consoler.
V. Sachez le réduire à sa juste valeur.
VI. Plusieurs envieront votre sort.
VII. Celui qu'elle croit posséder seule.
VIII. Les grandes parties.
IX. Il vous sera doux de le sacrifier.
X. Vous le ferez fuir.
XI. Si vous pouvez la jouer jusqu'au bout.
XII. L'amour vous en suggèrera le moyen.
XIII. En élégance.
XIV. En tirer vengeance.
XV. Ignorez-le toujours, pour votre repos.
XVI. De ne savoir dévorer un dépit.
XVII. Elles se déguisent mieux.
XVIII. Un commencement de joie pour la jeune [fille.
XIX. Tout vous accueillera au besoin.
XX. Pardonnez pour qu'on vous pardonne.
XXI. Le plus entreprenant.
XXII. Si vous renoncez à votre inclination.
XXIII. A qui ne vous verra qu'une fois.
XXIV. Si, mais en cachette.
XXV. Voyez, tout vous y engage.

I. Les plaisirs naîtront sous vos pas.
II. On vous juge avec justesse.
III. Je ne peux vous faire changer.
IV. Vous resterez inconsolable.
V. L'âge ne lui glacera jamais le cœur.
VI. Un nouvel Adonis.
VII. La plus belle dot d'une femme.
VIII. Le mot n'est pas français.
IX. En s'abstenant d'y retomber.
X. Bannissez-le de votre souvenir.
XI. Vous ne pourriez vous empêcher de rire.
XII. Elle le serait si vous étiez moins aimable.
XIII. Votre rivale.
XIV. Déjà vous y avez renoncé.
XV. A éteindre un feu qui vous consume.
XVI. Trop d'indulgence pour vos enfants.
XVII. Même aux yeux d'un séducteur.
XVIII. Ce que déjà vous ne pouvez plus goûter.
XIX. Villageoise pour votre réputation.
XX. Par là, vous pourrez en faire une dupe.
XXI. Souhaitez qu'on s'en tienne au soupçon.
XXII. Au commencement de votre mariage.
XXIII. Si vous le faites boire au fleuve Léthé.
XXIV. Oui, s'il l'exige.
XXV. Il ne verra que vous en tous lieux.

I. Avez-vous compté vos neveux.
II. Votre mari vous soupçonnera justement.
III. Ce serait temps perdu.
IV. Cédez en apparence.
V. Si votre avarice vous y porte.
VI. Certain jeu vous les fera supporter.
VII. Il lui faudrait forcer la nature.
VIII. La vue de vos enfants.
IX. Un heureux masque.
X. Que vous n'aimez plus la vie solitaire.
XI. Votre gros brun vous l'apprendra.
XII. Le pas est un peu glissant.
XIII. La conduite les confondra.
XIV. Votre meilleur parti est le silence.
XV. Si vous le contentez pleinement.
XVI. Vous trembliez toujours de le perdre.
XVII. Par une simplicité aimable,
XVIII. Ce qui fait taire vos rivalités.
XIX. Un champ stérile chez la Vestale.
XX. Combien l'ont désiré sans réussir.
XXI. Vous savez ce qu'ils ont déjà fait pour vous.
XXII. Partisans des distractions honnêtes.
XXIII. Vos craintes, il les dissipera bientôt.
XXIV. Si vous travaillez pour leur bien-être.
XXV. Je ne puis parler en ce moment.

I. N'en prenez aucune.
II Soyez ferme dans le principe.
III. Il ne vit que pour vous.
IV. Estimez-les à leur juste valeur.
V. Vous partagerez vos faveurs avec d'autres.
VI. D'une personne qui devrait l'ignorer.
VII. Il vous arrivera tôt ou tard.
VIII. Il s'en inquiète assez.
IX. Il ne vous en faut qu'un, que diantre?
X. A monsieur le Curé.
XI. D'un cœur trop aimant.
XII. En paroles, oui ; en actions, non!
XIII. Bien des gens en seront surpris.
XIV. La science qui fait jouir.
XV. Le plus réfléchi et le plus discret.
XVI. Une expiation.
XVII. Pour vous instruire de ses intentions.
XVIII. Pour vous il durera longtemps.
XIX. Un mal sans danger.
XX. Personne n'en sera lésé. [que vous.
XXI. Si vous ne vous en prenez pas à plus fort
XXII. Cette liberté ne vous profiterait pas.
XXIII. Vous ne les connaissez pas encore.
XXIV. Je vous engage à poursuivre.
XXV. Ainsi que bien d'autres vous serez...

I. Vous voulez donc nuire à vos succès.
II. Faire des heureux porte bonheur.
III. Votre vieux *richard*.
IV. Ne le rebutez pas.
V. Vous devez bien vous y attendre.
VI. Il vous ment.
VII. Avec de l'indulgence on obtient tout.
VIII. Le plus fort à... *bras* fera l'affaire.
IX. La calomnie.
X. Craignez le repentir.
XI. Si vous ne craignez pas une rechute.
XII. Quelques temps seulement.
XIII. On vous surveille.
XIV. Cent fois on l'a dit.
XV. Ce qu'il fit quand vous le trompâtes.
XVI. Vous l'apprendrez de l'usage.
XVII. D'être égoïste.
XVIII. On les trouve plus complaisantes.
XIX. La veille d'un beau jour.
XX. Jamais vous n'en manquerez.
XXI. L'on pardonne aisément une légèreté.
XXII. Celui qui garde vos serments.
XXIII. Lorsqu'on aura oublié le passé.
XXIV. Auprès des aveugles... jamais.
XXV. Sans doute, vous aimez tant les pierres.

I. Tant que vous serez constante.
II. A vos qualités l'on doit une récompense.
III. Que vous êtes une *bonne* femme.
IV. Vous devinez bien ce que je puis répondre.
V. Quelle délivrance heureuse!
VI. Tout vieillit hors l'amour vrai.
VII. Une copie de Mayeux.
VIII. Une fumée qu'un vent malfaisant emporte.
IX. Un enfant d'Arlequin.
X. En rendant votre *rapt*.
XI. Vous occuper de vos affaires d'intérieur.
XII. Cela ne le fera pas changer.
XIII. N'y comptez pas.
XIV. Vous n'y pouvez rien gagner.
XV. Si vous voulez mourir de dépit.
XVI. A faire taire les calomniateurs.
XVII. Modérez votre emportement.
XVIII. C'est un jeu d'enfant.
XIX. Le talisman du beau sexe.
XX. Une foi, une loi, un Dieu et un mari, c'est assez pour votre cœur.
XXI. Vous êtes trop guindée.
XXII. Et il n'est que temps.
XXIII. Ce mal-là ne vous gêne guère.
XXIV. Avec le temps.
XXV. Allons donc, vous êtes bien naïve.

I. Les revers ne vous abattront jamais.

II. D'où pourrait-il te venir.

III. *Vos amours* s'en abstiendront.

IV. Une constance serait franche.

V. On n'est bien servi que par soi.

VI. Si votre cœur est muet.

VII. Plaisirs et peines tout à la fois.

VIII. Les Mégères ne sont pas rares.

IX. Soyez soumise.

X. Faites comme vos compagnes.

XI. C'est un bouton qui veut s'étioler.

XII. Votre cœur vous entraînera.

XIII. Il ne fallait pas vous y exposer.

XIV. Par une longue patience.

XV. A qui donc ?

XVI. Il vous remboursera avec intérêt.

XVII. L'amour vous fit malheureuse.

XVIII. Faites ce que votre mère vous conseillera

XIX. Un mal dont en vain vous chercherez le re-

XX. Ce qu'un brahme ne doit pas goûter. [mède.

XXI. Si vous vous en sentez la force.

XXII. Beaucoup si vous savez les cultiver.

XXIII. Ils feront tout comme fit leur père.

XXIV. Craignez son inconstance.

XXV. Vous ne jouirez pas de ce bonheur.

I. Vivre dans une atmosphère de bonheur.
II. Contentez-vous de votre mari.
III. Cachez avec soin votre humeur mauvaise.
IV. Il est plus ardent que vous.
V. Avec réserve.
VI. Toutes les femmes le recherchent.
VII. Votre langue vous perdra.
VIII. Prenez ce qui vous tombera.
IX. Chaque état porte son fruit. [moi.
X. Les autres femmes vous en diront plus que
XI. Dites-moi pourquoi je vous ferais de la peine.
XII. Vous goûterez prochainement un doux
XIII. Vous êtes trop sévère envers lui. [plaisir.
XIV. Un mariage heureux.
XV. Oui, quoiqu'on en glose.
XVI. Cela n'est pas intéressant pour vous.
XVII. Des élans d'une imagination blessée
XVIII. Vos parents n'y consentent pas.
XIX. Tant qu'elle est en droit de conquérir.
XX. Rappelez-vous vos émotions à quinze ans.
XXI. Après avoir goûté le bonheur.
XXII. Votre mari vous cédera toujours. [deront.
XXIII. Tant qu'avec vos parents vos goûts s'accor-
XXIV. Tout vous sourit, vous le voyez bien.
XXV. Vous saurez bien marcher sans lisières!

I. De bien haut, jamais.
II. Vous succomberez, maïs vous en profiterez.
III. Son espoir mérite une récompense.
IV. Votre charmant Sigisbé.
V. Il vous aime tant, méchante.
VI. On ne peut le craindre à votre âge.
VII. Non, s'il vous a menti une fois.
VIII. De vous seule cela dépend.
IX. Celle qu'elle croit le moins bavard.
X. L'excès de la coquetterie.
XI. Il n'est plus à votre disposition.
XII. Il s'en vanterait trop.
XIII. Continuez la même tactique.
XIV. Vous avez tort de vous cacher.
XV. Vous êtes libre, elles ne le sont pas.
XVI. Renoncer au monde.
XVII. Par une franchise affectée.
XVIII. De se laisser surprendre.
XIX. Ce qui a été est et sera.
XX. Vous ne le savez que trop.
XXI. Vous ne faillirez jamais.
XXII. Oui, si sa tranquillité vous touche.
XXIII. Mon enfant, le plus sot.
XXIV. Vous le devez à vos charmes. [sirez.
XXV. Avec un peu de complaisance vous réus-

I. Elle fera revivre vos attraits
II. Tous les hommes sont trompeurs.
III. Au présent rien ne sera changé.
IV. De vos talens on y fait l'éloge.
V. Pardonnez à mon indulgence.
VI. Près de vous peut-on mourir?
VII. Le papillon baise plus d'une fleur.
VIII. De l'apparence mais peu d'effet.
IX. Ce que tout méchant voudrait détruire.
X. Une colombe des bois.
XI. Par une longue abstinence.
XII. Rentrer dans le droit sentier.
XIII. Par la douceur gagnez-les.
XIV. C'est votre compagne simplement.
XV. Ce que vous possédez doit vous suffire.
XVI. Vous n'avez encore que deux chevrons.
XVII. A corriger vos défauts.
XVIII. Ayez un peu plus d'activité.
XIX. A un certain âge.
XX. Un enfant qui dérange plus d'une cervelle
XXI. Restez où il sera.
XXII. Il brûle de les recevoir.
XXIII. Vous vous riez bien des soupçons.
XXIV. Vous l'êtes, je vous l'assure.
XXV. Si vous osez lui avouer *tout*.

I. Vous les attendez toujours en vain.
II. Ne comptez pas sur un plaisir facile.
III. Plutôt que vous ne l'espérez.
IV. Seule qu'y feriez-vous?
V. Sans beaucoup souffrir vous le pouvez.
VI. Ne soyez pas esclaves des avis.
VII. Que deviendront vos sermens?
VIII. Ce sont celles de bien d'autres.
IX. Vous l'éprouverez.
X. Tous sont parfaits, c'est si facile.
XI. Ce que l'homme devrait vénérer.
XII. Être seule avec lui vous siérait bien.
XIII. Auprès du jeune pasteur.
XIV. Ceux à qui vous avez à faire sont si bons.
XV. En vous obstinant de courir après.
XVI. Oui, mais doucement.
XVII. Un bienfait n'est jamais perdu.
XVIII. Combien convoiteront vos faveurs.
XIX. En prêtant l'oreille à leurs discours.
XX. Vos larmes ne sont pas taries.
XXI. Ce qui vivifie la nature.
XXII. C'est un tourment que vous vous créez.
XXIII. Les sacrifices les plus grands.
XXIV. Atteint du mal que vous connûtes si jeune.
XXV. S'il ne change pas.

I. Ne négligez pas vos devoirs pour cela.
II. D'être convoitée par tous.
III. Étudiez avant de choisir.
IV. Cédez, ne vous obstinez pas.
V. Il ne connaît pas l'ingratitude.
VI. Mesurez votre confiance.
VII. Oui, mais vous êtes préjudiciable.
VIII. Si vous manquez encore de prudence.
IX. Le destin se refuse à vous répondre.
X. Le célibat pour vous.
XI. Oui, grâce à la vertu du beau sexe.
XII. N'y allez pas, restez.
XIII. Des contrariétés que vous éprouvez.
XIV. Ils craint que d'autres ne la partagent.
XV. Ce que vous désirez il vous l'amènera.
XVI. Elle a parfois ses disgrâces.
XVII. Le plus ladre.
XVIII. Cette maladie ne vous menace pas.
XIX. Vous recevrez une lettre de lui.
XX. C'est une gourmande.
XXI. Son mal lui plaît tant.
XXII. On vous met déjà à la réforme.
XXIII. On perd plus qu'on ne gagne à ce jeu.
XXIV. Quand les poules auront des dents.
XXV. Après une épreuve longue et ennuyeuse.

I. Votre bijou est convoité.
II. Une mansarde.
III. Un roi fléchirait plutôt.
IV. Vous ne gagnerez rien à la résistance.
V. Que ces liens auront de charmes pour vous
VI. Votre âme dorée.
VII. Si vous voulez l'enchaîner.
VIII. Une bonne mère mérite tant d'égards.
IX. Pas à tout.
X. Moins en amour qu'en mariage.
XI. La terre est sa patrie.
XII. La rencontre de votre ennemi.
XIII. Il vous a devancé.
XIV. Vous ferez plus que le second.
XV. C'est un jeu auquel vous trichez.
XVI. C'est en plein jour qu'il faut le voir.
XVII. En jalousie outrée.
XVIII. Jouer la prude et la devote.
XIX. Par son excessif besoin d'aimer. [feuillent.
XX. On n'est plus jeune quand les fleurs s'ef-
XXI. Dès qu'on vous voit les autres sont oubliées.
XXII. Ce qui vous trouble l'esprit.
XXIII. De ce pardon dépendent vos joies futures.
XXIV. Serait-ce trop de deux pour vous? [nue.
XXV. Votre conduite, bien que cachée, sera con-

I S'il ne peut s'en assurer.
II. Votre rang vous en fait un devoir.
III. Je vous défends de jurer contrairement.
IV. Meilleur que jadis.
V. Trop d'amour causera votre perte.
VI. Je vous rendrais orgueilleuse.
VII. Son existence dépend de vos soins.
VIII. La froideur est provoquée par la vôtre.
IX. Homme de grande résolution.
X. Un Dieu que supplante souvent la fortune.
XI. Celle qui surmonte les préjugés.
XII. En lui donnant ce qu'il demande.
XIII. Que l'avenir ne vous occupe pas.
XIV. Votre caractère s'y refusera toujours.
XV. Sitôt qu'elle vous eût connue.
XVI. Toutes celles qui vous fréquentent.
XVII. Entre le zist et le zest
XVIII. Quand vous commencerez je parlerai.
XIX. Que de femmes vous l'envient.
XX. Qui mal sème mal récolte.
XXI. Voilà pourquoi votre amant soupire.
XXII. Vous ne pouvez ni ne devez quitter la ville.
XXIII. Ils serait trop fier de vos faveurs.
XXIV. Vous y avez donné lieu, sans doute.
XXV. Croyez que l'on vous paiera de retour.

I. On vous a déjà joué plus d'un tour.
II. S'ils sont nombreux ils réussiront.
III. Les uns font oublier les autres.
IV. Si vous pouvez voir la fin du monde.
V. Il vous y attend.
VI. Ne l'attendez pas.
VII. On cherche à vous tromper.
VIII. On ne consultera pas votre goût.
IX. N'y comptez pas.
X. De coiffer votre époux.
XI. De tout son cœur.
XII. Profitez de sa faiblesse.
XIII. La plus modeste.
XIV. Qu'il partage votre flamme.
XV. En le surveillant un peu.
XVI. Vous êtes si maligne.
XVII. Quelle faute peuvent-ils vous reprocher ?
XVIII. Il faudra bien que la pie*jase*.
XIX. Il vous en a donné des preuves.
XX. Vous sûtes braver les curieux...enfoncés!
XXI. Ce n'est pas ce que vous ambitionnez.
XXII. Le repos de vos nobles travaux.
XXIII. Un vin du goût de tout le monde.
XXIV. De belles et bonnes....*blagues.*
XXV. Les délices du *demi-monde.*

I. Quand vous modérerez vos passions.
II. C'est y penser un peu tard.
III. De promettre sans cesse et ne jamais tenir
IV. Ils se moquent de vous.
V. Conforme au caractère de votre époux.
VI. Vous en avez d'assez belles preuves.
VII. Non, non, cent fois non.
VIII. Cela ne vous profitera en rien.
IX. D'après votre choix ne craignez rien.
X. Une personne intéressée s'y oppose.
XI. Ayant goûté de tous — jugez-en.
XII. Vous ne devez pas le savoir.
XIII Il est peu éloigné.
XIV. D'un jeûne trop long.
XV. Il s'en passerait pardieu bien.
XVI. Il est bien éloigné encore.
XVII. Certain mari ne s'en souvient guère.
XVIII. Ils ont tout ce qui vous distrait.
XIX. Le moyen de réparer le passé.
XX. Demain vous lui parlerez.
XXI. En voyant grandir ses enfants.
XXII. Ce qui vous cause de la peine.
XXIII. Trop tard pour les jalouses.
XXIV. Qui voudrait vous faire perdre?
XXV. Si vos affections sont mieux placées.

I. Tant qu'en effet vous le serez.
II. Moins par vos charmes que par vos vertus.
III. Le destin et le *coq* disent : Oui.
IV. De votre cœur suivez le noble élan.
V. Oui, mais en cachette.
VI. Hélas ! on ne consultera pas votre goût.
VII. Cela vous coûte peu et vous fait tant plaisir.
VIII. Un seul, mais un bien *fait*.
IX. Ne pas y croire serait injustice.
X. Si vous n'autorisez pas ses soupçons.
XI. Où le chercheriez-vous? dites-moi.
XII. Le grand monde.
XIII. C'est sans conséquence de nos jours.
XIV. Vous deviez l'avoir fait.
XV. Ce manteau ne va pas à votre taille.
XVI. Vous en avez trouvé le moyen.
XVII. Vous les enchaînez, les autres les attachent.
XVIII. Vous rappeler son ancien amour.
XIX. Par la pitié qu'inspire sa faiblesse.
XX. De se juger meilleur que les autres.
XXI. Ce serait à désirer bien franchement.
XXII. Ce qu'une rivale vous fait éprouver.
XXIII. Jamais votre orgueil ne voudra.
XXIV. S'il vous abandonne, que deviendrez-vous?
XXV. Victoire au merite, tâtez-vous le pouls.

I. D'un mal qui fait plaisir.
II. Jamais il ne la connaîtra.
III. Cela vous est défendu par la fortune.
IV. Douter de sa foi est mal agir.
V. Il sera votre ouvrage. [sont égales
VI. On y dit que votre sagesse et votre beauté
VII. Pourquoi vous ferais-je de la peine?
VIII. Craignez le veuvage.
IX. Vos rivales sont prêtes à triompher.
X. Pour vos défauts, plein d'indulgence.
XI. Ce que vous légua votre famille.
XII. Une femme pleine d'indifférence.
XIII. Ce qui vous manque, ce sont les moyens.
XIV. Vous distraire dans l'amour conjugal.
XV. Ce moyen pourra vous réussir.
XVI. Elle va rompre, profitez-en.
XVII. Voulez-vous donc tourner au mal?
XVIII. Ayez un peu plus de constance.
XIX. A le ramener près de vous.
XX. Vous êtes dans de justes bornes.
XXI. Quand il en reste des traces.
XXII. Le seul héritage de notre premier père.
XXIII. Pour étaler vos grâces, vous êtes aimable.
XXIV. Employez ce moyen. [être.
XXV. En employant beaucoup d'amour... Peut-

I. Votre plus grande gloire.
II. Sa foi vous est acquise.
III. Si vous-même vous les formez.
IV. Le déboire d'une intrigue.
V. Votre mari dans neuf mois vous fera un cadeau.
VI. Allez au rendez-vous plus tôt.
VII. S'il n'allait pas revenir.
VIII. Vous n'avez plus de mentor.
IX. Vous ne méritez que de l'or.
X. De vivre en paix.
XI. Elle peut mieux le feindre.
XII. Feignez une indisposition.
XIII. Je l'ai cherché, mais en vain.
XIV. Que vous entrez dans la vie.
XV. En vous tâtant le pouls.
XVI. Vous vous tirerez toujours d'affaire.
XVII. Leurs grands cris n'aboutissent à rien.
XVIII. Confiez vos secrets à votre mère.
XIX. Jusqu'à extinction de chaleur.
XX. Vous êtes la seule cause de vos malheurs.
XXI. Craignez cette funeste idée.
XXII. Votre mari sera plus tranquille.
XXIII. Ce qui perdit la première femme.
XXIV. Faites comme on fait dans votre famille.
XXV. Ils seront toujours vos guides.

I. Vous seriez trop à plaindre
II. Lorsque vous retournerez au bien.
III. Vous êtes déjà assez maligne.
IV. De brûler plus d'un cierge.
V. Défendez-vous de leurs transports.
VI. Elle ne peut être qu'édifiante, ma chère.
VII. Il vous le prouvera dans peu.
VIII. Par ce qu'ils ont fait, jugez-en?
IX. Vous ne pouvez l'ignorer.
X. Ne vous inquiétez de rien.
XI. Craignez le sort de la folle de Jephté.
XII. Souvent le plus chargé d'embarras.
XIII. Vous en apprendrez de belles de l'expé-
XIV. Allez boire à la même source. [rience.
XV. Du souvenir de vos erreurs passées.
XVI. Lorsque les autres lui paraissent sévères
XVII. Le triomphe de vos ennemis.
XVIII. Oui, la science des amourettes.
XIX. Celui qui le premier vous viendra.
XX. La sollicitation d'un avenir meilleur.
XXI. Ce n'est pas à votre style qu'il tient.
XXII. Tout le temps de la lune de miel.
XXIII. Un échantillon de bonheur céleste.
XXIV. Grâce a votre sagesse... bien tard.
XXV. Vous ne gagnerez qu'à l'*Ecarté*.

I. Celui qui flattera votre père.
II. Les femmes les ont toutes aujourd'hui.
III. Avec de la modestie.
IV. Dans un chemin qui ne manque pas de pierres.
V. Vos forces vous trahiront.
VI. On vous y contraindra.
VII. Votre cœur a déjà parlé.
VIII. On ne retrouve pas toujours une occasion perdue.
IX. Faites de la layette.
X. Il ne vous trompera jamais.
XI. Si vous voulez l'être, ayez de la fermeté.
XII. Celui qui sera le plus flatteur.
XIII. Vous pouvez tout essayer.
XIV. Le martyr d'amour ne fait pas mourir.
XV. La route est glissante, prenez-y garde.
XVI. Vous vous y êtes pris trop tard.
XVII. Dans un petit coin écarté.
XVIII. Vous seuls empliriez Charenton.
XIX. Soyez plus douce avec lui.
XX. Par les trésors qu'elle possède.
XXI. D'être trop confiante.
XXII. Le monde en rirait pour tout de bon.
XXIII. L'avant-goût du plaisir.
XXIV. Combien voudraient vous en tenir lieu.
XXV. Jusqu'à la mort.

I. Sur quoi le pourrait-on.
II. A vos ordres vous aurez le remède.
III. Si vous pouvez oublier la sienne.
IV. La beauté n'a pas besoin de parure.
V. Comment résister à vos charmes?
VI. Vous pouvez le faire bon ou mauvais.
VII. On vous croît meilleur que vous n'êtes.
VIII. Pourquoi me forcer à vous parler durement
IX. Vous n'avez rien à perdre. [toucher.
X. De l'indifférence, c'est peu pour vous
XI. Il aime l'ivresse où vous le plongez.
XII. L'homme pervers ne comprend pas cela.
XIII. Ce que vous étiez avant de connaître l'amour.
XIV. On vous a proposé la pénitence.
XV. Déclarer vos sentiments.
XVI. Faites la triste.
XVII. Elle se noierait pour vous.
XVIII. Chacun connaît votre choix.
XIX. On le désire depuis longtemps.
XX. De vos affaires.
XXI. Vous ne pourrez le radoucir.
XXII. Cela dépend de la victime. [vieux.
XXIII. La récréation des jeunes, le désespoir des
XXIV. Vos affaires se feront au sein du bruit.
XXV. Il fut toujours votre propriété.

I. Ce que vous leur aurez fait.
II. Tout le portrait du papa.
III. Jamais il ne vous jura de l'être.
IV. Si le mauvais exemple ne les gâte pas.
V. Celles que la désunion enfante.
VI. Ce que vous avez, comptez-le seulement.
VII. Avec un bon entourage.
VIII. Votre pénitence vous fatiguera.
IX. Votre cœur vous guidera bien.
X. L'argent une fois croqué, adieu la chance!
XI. Que pouvez-vous craindre, vous si forte.
XII. Sa haine tombe facilement.
XIII. Il ne se laissera pas tromper facilement.
XIV. La plus soigneuse dans son ménage.
XV. Que vous serez mère dans deux ans.
XVI. Par la répétition des leçons.
XVII. Avec le secours de vous savez qui...
XVIII. En vous tenant plus retirée.
XIX. En silence garde ton mal.
XX. Sa reconnaissance naîtra de nouveaux [bienfaits.
XXI. Une fois vous trahîtes vos serments.
XXII. Vous êtes trop sage, on vous jouera.
XXIII. L'âge de la retraite.
XXIV. Ce qui calme la fureur d'un jaloux.
XXV. Vous ne pouvez plus en disposer.

I. Pas à tout jeu.
II. Vos parents sont trop absolus.
III. Quand votre père sera gagné.
IV. Où vous mènera-t-il?
V. D'être appréciée selon votre mérite.
VI. Craignez votre penchant.
VII. Faites que vos enfants en profitent.
VIII. Il vous importe peu de le savoir.
IX. Ils ne peuvent vous tromper.
X. Il n'est pas prodigue, rassurez-vous.
XI. Trop tard de celui qu'il intéresse.
XII. Sans votre fierté vous l'auriez déjà.
XIII. Celui de sœur hospitalière.
XIV. Que feriez-vous s'ils se ressemblaient?
XV. Vous savez qu'ils veulent votre bien.
XVI. Vos ennuis! Ils plaident en votre faveur.
XVII. Vous la lui faites sentir si à propos.
XVIII. Une rupture subite.
XIX. Sotte et bonne se rencontrent.
XX. Vous vous y connaissez assez pour le dire.
XXI. Un jeu universel.
XXII. Votre feu ne semble pas vouloir s'éteindre.
XXIII. Tant qu'elle fera des jalouses.
XXIV. L'unique précepte de la loi. [cache: 29]
XXV. A cinquante ans vous en pourrez bien

I. Pour sa bonté, pardonnez-lui.
II. L'ami de votre cœur.
III. Grâce à votre dissimulation.
IV. Que vous disent ces bavards ?
V. Vous tomberez sans vous blesser.
VI. C'est folie de faire une telle guerre.
VII. L'hymen n'est pas une lourde chaîne.
VIII. Le plus ancien vaut le mieux.
IX. Le moment n'est pas opportun.
X. Huit, non compris les gendres.
XI. Il ne te trompera pas, il t'aime,
XII. Vous ne vous en plaindrez pas.
XIII. Celui qui ne la fait point rougir.
XIV. La surveillance paternelle.
XV. Un peu plus tard.
XVI. La moitié suffira.
XVII. Conformez-vous à la loi du destin
XVIII. Au temple.
XIX. Vous triomphez, courage !
XX. En devenir plus vertueuse.
XXI. Par ce qui lui plaît tant.
XXII. D'être trop impatiente.
XXIII. L'autre sexe, que ferait-il ?
XXIV. Ce qui vous effraie tant.
XXV. Celui qui protége la vertu.

I. Votre triomphe est certain. [médisance.
II La plus honnête femme est exposée à la
III. Par fantaisie très-souvent.
IV. Il est si bon, aimez-le.
V. Pour réparer l'outrage des ans.
VI. Pour toujours vous l'avez fixé.
VII. En espérance il ne manque pas de fortune.
VIII. En faveur de vos charmes on vous pardonne.
IX. On ne me croit pas; donc, je me tais.
X. Vos enfants adouciront votre veuvage.
XI. Vous boirez dans une coupe enivrante.
XII. Ce qui garantit une femme de cheoir.
XIII. Ce que vous voudriez être.
XIV. L'avenir vous le prouvera.
XV. Par le repos.
XVI. Votre dissipation vous nuira toujours.
XVII. Souvent il vous faudrait y revenir.
XVIII. Son amour est intéressé.
XIX. Celle qu'on applaudit le moins.
XX. Vous voulez donc changer?
XXI. A gagner votre mère.
XXII. Votre mari y trouve son bonheur.
XXIII. Pour vous elle serait énorme.
XXIV. Un remède qui vous calme si bien.
XXV. La campagne vous sauvera.

I. Il vous tiendrait lieu de cauchemar.
II. De la reconnaissance.
III. Votre plus douce consolation.
IV. Vous avez failli pour la première.
V. S'ils ignorent toujours vos mœurs.
VI. Toutes les douceurs d'un bon ménage.
VII. Oui, vous en aurez une nichée.
VIII. L'amertume serait votre lot.
IX. Oui, vous l'aimez bien.
X. Un guide est urgent pour un aveugle.
XI. La fortune, a qui vous servirez de cruche.
XII. Quelquefois de trop bouder.
XIII. Un seul instant.
XIV. Sous la main vous en avez tant.
XV. Dans ses goûts la plus constante.
XVI. Votre calme lui déplaît.
XVII. Souvent interrogez-moi.
XVIII. En vous faisant passer pour meilleur.
XIX. En bravant leurs mauvais propos.
XX. Ils seront inflexibles.
XXI. Son honnêteté te garantit de lui.
XXII Jamais vous ne fûtes victime.
XXIII. En promesse seulement.
XXIV. L'huile manque à la lampe.
XXV La source qui vous alimente.

I. Votre esprit toujours vous restera.
II. Si vous jouez avec vos cartes.
III. S'il n'a tendence que vers le bien.
IV. Lorsque vous allierez vos plaisirs à vos devoirs
V. Votre époux vous trouve trop de *perfection*.
VI. Par vos excès malheureux.
VII. Votre valet de cœur.
VIII. Aimez qui vous aima.
IX. Mais.... il ne toucha pas votre cœur. [terre.
X. Ignorez-vous que l'amitié n'habite plus sur
XI. La moitié d'une est encore trop pour lui.
XII. Jamais on ne le croira.
XIII. Dirigez bien votre choix.
XIV. Le moindre est celui d'un cœur froid.
XV. S'ils étaient comme..., que deviendrait le
XVI. Qui oserait vous refuser. [monde?
XVII. C'est parce qu'il a échoué.
XVIII. Avec feu.
XIX. La fin de la brouille.
XX. N'allez pas plus loin, je vous le conseille.
XXI. Que risquez-vous?
XXII. Un peu trop de facilité.
XXIII. N'écrivez pas la première.
XXIV. Tant qu'elle a l'art de plaire.
XXV. Tous les maux réunis.

I. Votre candeur.
II. Vous l'avez déja oublié.
III. Celui qui chauffe la mère pour avoir la fille.
IV. Cette justice vous est bien due.
V. Tant de douceur est bien faite pour plaire.
VI. Il est bien dangereux de glisser sur le gazon.
VII. Cette douce violence vous est urgente.
VIII. Voulez-vous donc coiffer sainte Catherine ?
IX. Croyez-moi, le premier bien est la liberté.
X. Avec discrétion seulement.
XI. Cela dépend de vous.
XII. Peut-on croire en vous ?
XIII. N'est-on pas forcé de vous imiter.
XIV. Les douceurs la charment.
XV. Le jeu qui vous est proposé.
XVI. Le désirer doit vous suffire.
XVII. Les suites n'en sont pas à craindre.
XVIII. Vous n'êtes jamais de l'opinion d'autrui.
XIX. Le soir au clair de lune.
XX. On n'aime que vous.
XXI. Oublier vos emportements amoureux.
XXII. Vous voulez donc jouer la Lucrèce ?
XXIII. D'ennuyer son époux.
XXIV. Les bijoux ne poussent pas sous l'herbe [fanée
XXV. Votre vue guérira ses maux.

I. Une chaumière et son cœur.
II. Vous connaissez leur pouvoir.
III. Oui, malgré vos soins.
IV. Le remède est sous vos yeux.
V. Si l'expérience vous profite.
VI. Vous êtes toujours sûre de plaire.
VII. Trop heureux d'être votre Sigisbé.
VIII. Le dieu d'amour vous protège.
IX. Que l'on vous trouve charmante.
X. Si les envieux vous effrayent.
XI. Vous ne le serez que de nom, je vous le jure!
XII. En apparence seulement.
XIII. Le présent vous garantit l'avenir.
XIV. Le plus français de tous les mots usités.
XV. Celle qui sait souffrir et se taire.
XVI. Il ne veut pas d'expiation pour si peu.
XVII. Elle est irrémédiable.
XVIII. Soyez moins facile.
XIX. Vous êtes unis par un sentiment réciproque.
XX. Servez plutôt de modèle à tous.
XXI. Si cela vous plaît.
XXII. Des moyens de lui plaire.
XXIII. D'être aimée de chacun.
XXIV. C'est le jeu de l'amour et du hasard.
XXV. Le souverain maître de tous ici-bas.

I. La plus belle parure du beau sexe.
II. Vous n'aviez pas promis cela.
III. De l'ingratitude.
IV. Le portrait vivant de leur mère.
V. Pour vous que n'a-t-il pas fait ?
VI. Si vous savez les élever..
VII. Le beau temps succède à l'orage,
VIII. Vous êtes trop envieuse.
IX. Essayez vos forces.
X. Vous savez bien qu'il vous attends aussi.
XI. Ne consultez qu'en affaires.
XII. L'argent est un talisman irrésistible.
XIII. Conformes à vos habitudes
XIV. Son époux seul a son cœur.
XV. La nonchalance.
XVI. Celle qui choisit avec plus de discernement.
XVII. Que vous avez accordé quelque chose.
XVIII. Dans un tête-à-tête.
XIX. En confessant son erreur.
XX. Ils crieront longtemps encore.
XXI. Votre perte est jurée.
XXII. Un autre paiera pour lui.
XXIII. Vous singeâtes la dévote.
XXIV. En n'en acceptant pas un.
XXV. L'autidote des amours.

I. Une églantine.
II. Tout veillit hors l'honneur.
III. Si vous dissimulez votre flamme.
IV. Des ennemis la contrarieront.
V. Laissez agir votre mère.
VI. Votre réputation vous honore.
VII. D'être contente par résignation.
VIII. Gardez votre cœur, riez de leurs fadaises.
IX. Toujours on l'approuvera. [pas.
X. Comment, mon aimable, ne la seriez vous
XI. Un éternel regret serait votre partage.
XII. Oui, si vous lui donnez un rival.
XIII. On vous néglige beaucoup trop.
XIV. Vous êtes encore trop innocente.
XV. Celui de veuve.
XVI. Le même bois les chauffe.
XVII. A celui qui vous fête.
XVIII. D'une crainte puérile.
XIX. C'est pour cela qu'il vous aime.
XX. L'assentiment de vos père et mère.
XXI. Pourquoi la lui interdire?
XXII. Le plus calme.
XXIII. Une simple et utile distraction.
XXIV. Mais.... à chaque instant, vous le pouvez
XXV. L'âge dont l'espérance fait la joie. [voir.

I. Ce que vous ignorez toujours.
II. Votre grande réussite.
III. La rancune dénote un mauvais cœur.
IV. Qu'importe ? Ils se jouent de vous.
V. Si vous n'êtes franche qu'en apparence.
VI. Vous avez assez expérimenté cela.
VII. Faut-t-il donc de la chance pour vous seule ?
VIII. La sagesse vous l'ordonne.
IX. Vous voudriez bien l'être déjà.
X. Le plus posé.
XI. Vous êtes déjà à moitié flambée.
XII. Tous les ans un nouveau pendant 15 ans.
XIII. Il se recommande par son mérite.
XIV. Votre douceur lui promet d'heureux jours.
XV. Vous aimez tant les bruns.
XVI. Ce qui causa votre première faute.
XVII. Il y compte bien.
XVIII. Une petite fois pour lui payer sa peine.
XIX. Si vous n'osez pas vous faire connaître.
XX. En cachette.
XXI. Vous gagnez où les autres perdent.
XXII. Recommencez de plus belle.
XXIII. Par l'aimant qui vous attire.
XXIV. De ne pouvoir être agréable à tous.
XXV. Y croire serait l'humilier.

I. Une rose trop fanée.
II. Vous mouriez d'ennui aux champs.
III. Joints à une conduite sans reproche.
IV. Vous devez gouverner vos penchants.
V. Du mal d'enfant.
VI. Il en oubliera plusieurs.
VII. Pour réparer les injures du temps. [ment.
VIII. L'une pour l'autre vous vivrez constam-
IX. Vos vertus vous en préparent un superbe.
X. Du bien ; comme vous le méritez.
XI. Pour vous surprendre agréablement.
XII. Dieu a béni votre union.
XIII. Si vous feignez d'ignorer son inconstance.
XIV. Il y en a tant, qu'on le devine.
XV. Ce qui vous lie ensemble.
XVI. Un oiseau quand on ouvre la chasse.
XVII. Comme Ninon de Lenclos.
XVIII. Abandonnez-vous à lui.
XIX. Pour lui donner du repentir.
XX. Oui; parceque les plaisirs sont partagés.
XXI. Une femme à plaindre, sans doute.
XXII. Vous ne pouvez sans danger le renier.
XXIII. A soulager vos douleurs.
XXIV. De faire oublier toutes les autres.
XXV. Les maris ne disent pas non.

I. Un poids qui vous pèse considérablement.
II. L'èmblême de la candeur.
III. Cela vous est impossible,
IV. Un seul vous paie de retour.
V. Bons mais pleins de vivacité.
VI. Sa fermeté l'empêchera de faillir.
VII. Si vous savez vous les attirer.
VIII. D'être l'esclave de vos proches.
IX. Si vous savez gagner certaines gens.
X. Si vous voulez que votre rivale triomphe.
XI. Votre cœur vous le dira.
XII. Votre bon sens doit vous guider.
XIII. Vous êtes trop avare pour aimer.
XIV. Etourdie comme vous l'êtes.
XV. Son cœur est si tendre, il aimera toujours.
XVI. Voyez ceux que les autres emploient.
XVII. Une jeune veuve.
XVIII. La maladie qui vous ronge.
XIX. A l'école du monde.
XX. Pour cette fois seulement.
XXI. En ne leur portant que du mépris.
XXII. Parlez, ils abjureront leur rigueur.
XXIII. Pourrait-il vous résister?
XXIV. Ils triomphèrent bien rarement.
XXV. Par un peu de pédantisme.

I. Celui qui la contente bien.
II. Dans un cœur neuf, un sentiment vif.
III. Vous vous ferez aimer constamment.
IV. Au *piquet* vous aurez peu de chance.
V. Pas assez pour votre bonheur.
VI. Quand vous serez moins bégueule.
VII. Tout le monde vous admire.
VIII. Vous aimerez sans résultat.
IX. Vous devriez acheter un balai neuf.
X. Votre époux vous l'enseignera.
XI. Croyez-le, je vous y engage.
XII. Vous n'avez rien à craindre d'eux.
XIII. Vous saurez bien les éloigner.
XIV. Cela ne vous gênera en rien.
XV. Vous aurez encore des dangers à braver.
XVI. Celui de fille damnée.
XVII. Jaloux plus ou moins.
XVIII. Vous abdiquerez votre volonté.
XIX. De ce que vous avez été trop légère.
XX. Mieux vaudrait qu'il la blâmât.
XXI. Une haine sans exemple.
XXII. Elle l'enfle outre mesure.
XXIII. Quelques dames les aiment en plâtre.
XXIV. Une manière de se vanter.
XXV. Non, les vôtres en seraient prévenus.

I. Aucunes ne vous valent.
II. Un des charmes de l'amour.
III. Vos charmes.
IV. Il vous tarde de ne l'avoir pas fait.
V. Le plus métallisé.
VI. Tant que vous saurez cacher votre jeu.
VII. A ceux que vous aimez.
VIII. Chute heureuse.
IX. Jeanne d'Arc n'aurait pas tenu autant.
X. Votre santé le commande.
XI. Mais... le premier venu, parbleu !
XII. Ne vous vaut-il pas?
XIII. Trop pour une Agnès.
XIV. Que le passé vous réponde.
XV. Si vous savez l'endoctriner.
XVI. Celui qui ne les trouve pas trop vieilles.
XVII. Une amie qui vous trompe.
XVIII. Ce serait manquer d'énergie.
XIX. Allez, il vous protégera.
XX. Vous gagnerez au jeu *à la mode.*
XXI. Chez une de vos compagnes.
XXII. Votre amant seul le sait.
XXIII. Lui rendre amour pour amour.
XXIV. Est-ce que vous ne le savez pas?
XXV. De vouloir passer pour ce que vous n'êtes [pas.

I. Auprès des hypocrites.
II. Ce qui fait battre votre cœur.
III. Vous le retrouverez en tous lieux.
IV. N'en soyez pas prodigue.
V. Pas suivant votre idée.
VI. Elle n'aura rien de bien sérieux.
VII. Si vous faites appel à la sincérité.
VIII. Oui, mais simplement.
IX. Vous aimer, vous le dire lui plaisent tant.
X. Ce que vous n'osiez espérer. [prétentieux.
XI. Bien que louant votre esprit, on le trouve
XII. Je vous dirai cela une autre fois.
XIII. Il vous servira vingt ans.
XIV. Assez pour votre bonheur.
XV. Un peu tatillon, mais patient.
XVI. Ce qui vous mérite l'estime.
XVII. Un cerf au bois.
XVIII. Votre pénitence ne sera jamais sincère.
XIX. Hâter vos épousailles.
XX. Pour ménager sa colère.
XXI. Au besoin vous l'apprendrez.
XXII. La constante Héloïse.
XXIII. Vous aurez encore des larmes à verser.
XXIV. A punir votre jalouse humeur.
XXV. De résister toujours.

I. Pour votre amitié.
II. Un âge qui vous semblera trop long.
III. L'apanage de la candeur.
IV. Dieu vous le défend.
V. Des avis que vous suivrez par devoir.
VI. Ils seront beaux comme vous.
VII. Son amour pour vous ne faillira jamais.
VIII. S'ils ne sont pas d'emprunt.
IX. Les délices de vos parents.
X. Oui, mais ils feront la joie de vos enfants.
XI. Ce plaisir est innocent, ne vous en privez [pas!
XII. Mais vous le possédez déjà.
XIII. Votre amie est sincère et aimante.
XIV. A deux cœurs qui s'aiment, peu suffit.
XV. Tristes à la ville, gaies aux champs.
XVI. Une rivale seulement.
XVII. Vous le connaissez, n'en ayant qu'un.
XVIII. Une innocente par force.
XIX. Il vous rappelle vos simagrées.
XX. A l'ombre du bois de votre époux.
XXI. On l'ignore ; taisez-vous donc!
XXII. Il ne faut pas accuser les cancans.
XXIII. Peut-on taire un si grand mal?
XXIV. Où pouvez-vous trouver la reconnaissance?
XXV. Ceux qui parlent de cela, n'ont menti qu'une fois.

I. Pour allumer sa chandelle éteinte.
II. Dans le prix de 20 à 30.
III. Une grimace dans un cœur blasé.
IV. Bien tard si vous êtes sage.
V. Vous! qui s'y frotte s'y pique.
VI. Oui, pour combler votre espoir.
VII. Vous pouvez les faire cesser aisément.
VIII. Prenez d'abord une bonne leçon.
IX. Vos espérances se réaliseront. [feuille.
X. De votre artichaut, donnez à chacun une
XI. Ne hantez pas les réunions nombreuses.
XII. Ah ! si vous connaissiez son cœur.
XIII. Vous n'êtes pas heureuse en choix.
XIV. Il vous aimera trop pour cela !
XV. Si dans votre confidence vous en mettez
XVI. Je ne parlerai pas. [deux.
XVII. Celui que vous aimâtes à 15 ans.
XVIII. Amant, oui! époux, non. [savez.
XIX. Vous avez fait la moitié du chemin, vous le
XX. De ce que le mot vous coûte à trancher.
XXI. Lorsqu'il en recueille les fruits.
XXII. Ce que vous haïssiez vous plaira.
XXIII. Lorsque la vertu l'accompagne.
XXIV. Vous ne vous y tromperez jamais.
XXV. Une complaisance pour un ingrat.

I. De perdre sa liberté.
II. Que deviendriez-vous? et nous aussi ?
III. Ce n'est pas une rose sans épines.
IV. Vos charmes séducteurs.
V. Si vous voulez obtenir votre pardon.
VI. Votre mauvais petit brun.
VII. Grace à votre vertu modèle.
VIII. Si vous cessez d'avoir l'orgueil pour chef
IX. Quelquefois, mais du bon côté. [de file.
X. Vous vous êtes victimé assez longtemps.
XI. Héloïse se maria bien.
XII. Avec les deux... l'un complétera l'autre.
XIII. Bien d'autres n'auraient pas tant attendu.
XIV. Vous serez fière de les posséder.
XV. Vous le pouvez,il vous appartient.
XVI. En lui ménageant vos caresses.
XVII. Celui qui leur inculque les bonnes mœurs.
XVIII. Ce qui vous cause parfois des larmes.
XIX. Il est temps, ma chère.
XX. Ce serait trop se découvrir.
XXI. Vous n'abuserez jamais personne.
XXII. Qui donc peut vous gêner?
XXIII. Vous avez de la joie où les autres souffrent.
XXIV. Renouez au plus vite, ne vous quittez pas.
XXV. Par le procédé inventé par Madame Eve.

I L'orgueil, la *gourmandise*, etc., etc.
II. Elle mérite bien un peu d'indulgence.
III. Ce dont votre mari est si peu chiche.
IV. Sois l'un ou l'autre sans choix.
V. Un peu de froideur, cela ira seul après.
VI. Oui, mais l'on fait erreur.
VII. Non, si vous êtes prudente.
VIII. Que n'oublierait-on pas avec vous?
IX. C'est la plume qui fait l'oiseau.
X. Moins un ancien souvenir.
XI. Une grande réussite en affaires.
XII. On ne vous trouve pas assez modeste.
XIII. Ta-ta-ta, gare aux pleurs.
XIV. Au beau temps succède l'orage.
XV. Si vous maîtrisez leur caractère humoriste
XVI. Vous le mènerez à la baguette.
XVII. Ce que toutes les filles devraient garder.
XVIII. Un loup qui va rôder autour d'un piège.
XIX. Par une confession bien franche. [sort.
XX. Laure, Héloïse, Eléonore eurent le mêm
XXI. Voilà une recette pour obtenir son silence.
XXII. De celles que vous avez, ne croyez qu'en une.
XXIII. Dans un cloître vous trouverez votre affaire.
XXIV. Attendez, prenez patience.
XXV. A le fuir dans le plus bref delai.

I. Elle est comme tout le monde.
II. Par votre complaisance.
III. La faulx du temps,
IV. La chose qui se garde difficilement.
V. Pour qui donc le gardez-vous ?
VI. Vous n'avez pas un amoureux sincère.
VII. Un peu impatient.
VIII. Lorsqu'on a un cœur, que craint-on ?
IX. Si vous les sauvegardez du danger.
X. D'aimer votre époux à la folie.
XI. Un traître vous le fera manquer.
XII. Vous savez bien qu'une visite vous est promise.
XIII. Quelques années encore.
XIV. Vous saurez bien marcher seul.
XV. Pour choisir, en amour, il faut des preuves.
XVI. Elles changeront dans quelque cinq ans.
XVII. Votre cœur le désavoue.
XVIII. Feignez d'en aimer un autre.
XIX. La plus tolérante.
XX. Que vous n'êtes plus votre maitresse.
XXI. En le mettant à l'épreuve.
XXII. Si vous vous mariez vite.
XXIII. En cessant de parler contre eux.
XXIV. On l'apprendra malgré vous.
XXV. Ainsi qu'un mari bonhomme.

I. Une mauvaise feinte.
II. Si vous ne craignez pas le sort de Suzanne.
III. Tous les âges vous seront favorables.
IV. Le bonheur d'une âme sensible.
V. Vous resterez longtemps jeune.
VI. Pas un joueur ne vous gagnera.
VII. Ils s'étendent trop loin.
VIII. A votre retour d'âge.
IX. Reposez-vous sur vos hauts faits.
X. Jouissance des plaisirs innocens.
XI. Vous pouvez les contenter à peu de frais.
XII. La sévérité n'est pas de la sauvagerie.
XIII. Comptez sur son amour.
XIV. Vous pourrez vous en vanter.
XV. Craignez la jalousie d'une compagne.
XVI. Quand il n'en sera plus un.
XVII. Votre mariage futur nous rend joyeux.
XVIII. L'état d'amoureuse.
XIX. Ils sont plus ou moins *forts*.
XX. Que le passé voue serve de guide.
XXI. De ne pouvoir lui tout donner.
XXII. Un mari doit s'en accommoder.
XXIII. Un principe de longues joies.
XXiV. Lisez Molière, vous vous reconnaîtrez.
XXV. Interrogez votre mère.

I. Elle plaît par ses qualités.
II. De se donner facilement.
III. En grande partie.
IV. Bientôt vous l'apprendrez.
V. Votre digne époux.
VI. Vous y êtes conduite par le cœur
VII. Votre vis-à-vis.
VIII. Une de vos proches dira tout.
IX. Si vous ne vous conduisez mieux.
X. Dissimulez bien.
XI. Votre conscience répondra pour moi.
XII. Oui, prenez un... *tuteur.*
XIII. Pour de bonnes raisons, le plus patient.
XIV. Tenez à votre parole.
XV. Comptez ceux de votre mère.
XVI. Votre cœur ne vous reproche donc rien?
XVII. Tout ne sera pas roses.
XVIII. Un petit enfant.
XIX. La promenade au soir.
XX. Sacrifice à la mode.
XXI. Votre cœur vous y porte.
XXII. Il vous en cuirait trop.
XXIII. Il saura tromper tous les yeux.
XXIV. Votre modestie les confond.
XXV. Avouez tout à votre amie.

I. A votre ménage.
II. Vous n'avez que des qualités.
III. Lorsqu'elle est connue.
IV. La coupe ou s'enivraient les Dieux.
V. Détestant le huis-clos.
VI. Ne l'écoutez pas d'abord.
VII. Plus qu'on ne devait.
VIII. Vous feindrez souvent de l'être.
IX. Craignez sa bonne mémoire.
X. Que vous restera-t-il à faire dans ce sens.
XI. Son cœur consent.
XII. Vos rêves réalisés.
XIII. Vous êtes d'une trop grande sévérité.
XIV. Par égard pour votre flamme amoureuse.
XV. Pendant seulement une année.
XVI. Tàchez de bien soigner vos fleurs.
XVII. Comme fut vous savez qui.
XVIII. Ce que l'homme blasé néglige.
XIX. Le plus bienfaisant des hommes.
XX. Une seconde payera la première.
XXI. En vous trouvant heureuse de l'admirer.
XXII. Vous n'êtes déjà pas trop aimable.
XXIII. Le doute nous est permis.
XXIV. Empruntez un peu partout.
XXV. Si vous bravez les sarcasmes.

I. Tant que vous l'obligerez.
II. Si vous étiez sans témoins, je parlerais.
III. Faites simplement cette étude.
IV. Votre mari vous servira pour cela.
V. Ce qui fait tant aimer les femmes.
VI. Par contrainte.
VII. Des consolations dans vos malheurs.
VIII. L'orgueil de leur pays.
IX. Il sera fidèle jusqu'à la mort.
X. Ils feront la joie de leur mère.
XI. La froideur de votre bienaimé.
XII. Hélas! oui, sans plus de joie.
XIII. Oui, c'est de votre âge.
XIV. Vous n'en trouveriez pas d'autre.
XV. Que votre époux soit votre guide.
XVI. Vous en aurez un couple, espérez.
XVII. De ne pas jouer franchement.
XVIII. Certainement.
XIX. Devenez plus circonspecte.
XX. Ce qui charme tout mari.
XXI. Que sa présence vous charme.
XXII. Les livres ne vous suffiraient pas.
XXIII. Calmez votre inquétude.
XXIV. En ne donnant pas champ libre aux médi. [sants-
XXV. Vos plaintes seraient vaines.

I. Le plus *travailleur*.
II. Une impuissance avérée.
III. Ne lui refusez pas ce plaisir.
IV. Celui qui gouverne les rois et leurs sujets
V. L'esprit générateur du monde.
VI. De votre mari vous serez toujours l'amante
VII. Quand vous aurez vécu encore un peu.
VIII. Quand ils seront mieux ordonnés.
IX. Quand vous serez bonne ménagère.
X. Vous manquez de dispositions pour cela.
XI. De vous voir deçu de vos expérences.
XII. Celui qui toujours vous aima.
XIII. On la connaît à votre profit.
XIV. Il est trop heureux de vous appartenir.
XV. Vous perdriez en manquant de confiance.
XVI. Toujours vous en triompherez.
XVII. Lorsque vous en pourrez rire.
XVIII. La saison des fleurs est courte.
XIX. Celui de veuve sans descendants.
XX. Oui, envers vous.
XXI. Recourez au *meilleur*.
XXII. D'un trop lourd fardeau.
XXIII. Il a trouvé des approbateurs.
XXIV. Une complète victoire.
XXV. Celle de triompher des cœurs.

I. Il vous sera toujours constant.
II. Par ses saillies le plus souvent.
III. D'aimer sur le déclin de l'âge.
IV. Vous faites exception à la règle,
V. Ce que produit une défaite,
VI. Votre grand savoir faire.
VII. S'il en est peiné.
VIII. Celui qui a le moins de mérite.
IX. Parmi ceux qui vous encencent.
X. Auprès des tolérants.
XI. Jamais la première.
XII. Le demanderiez-vous si vous l'aimiez.
XIII. Dieu a dit: croissez et multipliez.
XIV. Prenez votre ami d'enfance.
XV. Non, si vous désirez sa mort.
XVI. Pour la paix du ménage.... oui!
XVII. Il sera pour vous meilleur que les autres.
XVIII. Vous serez victime de votre bavardage.
XIX. Un beau visage pour l'écervelée.
XX. De le recevoir chez vous.
XXI. Votre mari y est étranger.
XXII. Atterdez encore.
XXIII. Lorsque le bien vous semblera bête.
XXIV. Vous devriez vous nommer Finette.
XXV. Vos feux brûleront sans fin.

I. Persévérez.
II. De la santé de votre époux.
III. Craignez d'être trop avare.
IV. Ce n'est qu'une faiblesse.
V. Ce que vous ne donnez pas.
VI. Partout vous serez bien.
VII. Plus facilement par tes charmes.
VIII. On vous croit réellement sage... Folie!
IX. Je ne vous en garantis nullement.
X. Si vous savez vous en retirer.
XI. Tenez plutôt à la vertu.
XII. Sans vous donner le moindre tracas.
XIII. Enfin votre union cimentée.
XIV. Qu'à vous ressembler toutes devraient es-
XV. Je ne puis vous satisfaire. [sayer.
XVI. Il vous pleurera peu de temps.
XVII. Et vous, votre amour sera-t-il durable ?
XVIII. Vos farces l'amuseront.
XIX. Ce que sur le front vous portez si visible-
XX. Ce que veut être toute fillette. [ment.
XXI. L'aumône est une qualité, donnez ne vendez
XXII. Il s'amuse honnêtement. [pas.
XXIII. La nuit, jamais.
XXIV. Oui, mais jamais franche amie.
XXV. Une Lucrèce du quartier Breda.

I. Taisez-vous.
II. C'est un méchant.
III. Elle est trop commune.
IV. Par votre gaîté.
V. En vous voyant on vous connaît.
VI. L'ornement des grâces.
VII. Vous ne l'avez plus.
VIII. Ce qu'ils vous promirent.
IX. Spirituels comme vous.
X. Oui, car il vous aime quoiqu'éloigné.
XI. Heureuse Sara? Va.
XII. Votre astre ne pâlira pas.
XIII. Comptez-y.
XIV. Il serait à plaindre de ne pas vous y voir.
XVI. Vous l'avez promis.
XVI. Vous êtes trop obstinée.
XVII. L'amour vous sied moins que la fortune.
XVIII. Celles qui plairont à votre moitié.
XIX. Même n'aimant pas.
XXI. Quelques complaisances.
XXI. Le dira qui t'aura.
XXII. Vous voudriez bien l'aimer de plus loin.
XXIII. Où l'on rit le plus franchement.
XXIV. Cela n'en fut jamais un.
XXV. Laissez faire le temps, attendez.

I. Prouvé par bien des femmes.
II. La femme le fait souvent.
III. Le manteau de leurs défauts.
IV. Il y compte.
V. L'Eté.
VI. Le Dieu de Cythère.
VII. Trop tôt vraiment.
VIII. On ne peut mieux se consoler de perdre.
IX. Qui les contrarierait donc ?
X. Vous voyez poindre un jour néfaste.
XI. Oui, si votre mari sait vivre.
XII. Chaque jour augmentera votre bonheur.
XIII. Le plus avancé en *affaire*.
XIV. D'être économe.
XV. Il voudrait connaitre votre cœur.
XVI. Pas dans tout, j'espère.
XVII. Qui n'en a pas aujourd'hui ?
XVIII. Oui, mais vous n'en souffrirez pas.
XIX. Votre patience vous sera payée.
XX. Religieuse.
XXI. Oui, dans un mariage.
XXII. Pas à celui que vous préférez.
XXIII. De la gêne que vous supportez.
XXIV. C'est tout ce qui vous en reviendra.
XXV. Ce que vous vouliez qu'il fût.

I. En astuce.
II. Vous taire.
III. Par des manières aisées.
IV. De s'avouer à son mari.
V. Elles sont faibles comme vous.
VI. L'absence de ce que vous souhaitez.
VII. Vos intimes.
VIII. Il vous faut bien adhérer.
IX. Ni l'un ni l'autre.
X. Au moins auprès de votre époux.
XI. Oui, par votre talent.
XII. Au moins sauvez les apparences.
XIII. Vous vous applaudirez de votre défaite.
XIV. L'honneur vous en fait un devoir.
XV. Celui qui ne vous doit rien.
XVI. Il sera discret, ayez confiance.
XVII. Vous les provoquerez.
XVIII. Vous serez fière d'avoir eu confiance en lui.
XIX. Si vous l'aimez aussi.
XX. Ce qui dès quinze ans vous fit tant de peines.
XXI. Craignez de ne pas plaire.
XXII. Votre bonheur sera perdu.
XXIII. Votre hésitation vous a nui.
XXIV. Attendez que le mot vertu soit effacé.
XXV. Prenez garde, on vous surveille.

I. Votre amie intime.
II. Que deviendra-t-il.
III. A réparer vos erreurs.
IV. Guerre aux tyrans du cœur.
V. Aux yeux d'un Othello.
VI. Ce que votre époux obtient de vous.
VII. Vous ne seriez pas à votre place aux champs.
VIII. Qui pourrait y résister?
IX. Oui, mais on vous pardonne.
X. A la fin de votre vie.
XI. Mais vous n'en commîtes jamais.
XII. Seulement pour plaire à votre époux.
XIII. Oui, bien qu'aimable avec chacune.
XIV. La renaissance d'un premier feu.
XV. Que vous courez trop la prétentaine.
XVI. Cela fâcherait votre mari.
XVII. Pour être veuve, il faut avoir été mariée.
XVIII. Si vous le prenez plus jeune que vous.
XIX. Vous le formerez aisément.
XX. Votre mari en est le parfait modèle.
XXI. Le plus cruel des tyrans.
XXII. D'où naissent donc vos remords?
XXIII. C'est un mal sans mauvaises suites.
XXIV. Lorsque vous craindrez des reproches.
XXV. Elle vous aime pour vous même.

I. Par votre discrétion.
II. Vous vous plaindriez à tort.
III. Y compter est votre droit.
IV. Si je disais tout, vous m'en garderiez ran-
[cune.
V. Par vos débuts quelquefois.
VI. Un hiver qui vous désespérera.
VII. Un oiseau qui n'a encore que son duvet.
VIII. C'est presque impossible.
IX. Hélas ! des propos décousus.
X. Des exemples à suivre.
XI. De lui comme de moi.
XII. Si vous n'êtes pas jalouse de votre fille.
XIII. L'avenir vous promet d'heureux jours.
XIV. Fatal cadeau.
XV. Allez-y, mais soyez prudente.
XVI. Attendez un peu.
XVII. Ne prenez conseil que de vous.
XVIII. Les dames de la ville n'aiment que ce qui
[brille.
XIX. Elles vous feront tout oublier.
XX. De sang froid, non, jamais !
XXI. Êtes-vous donc novice, pour parler ainsi ?
XXII. Un papillon qui fait son choix.
XXIII. Il vous annonce le vrai bonheur.
XXIV. Avec calcul.
XXV. En disant que votre cœur n'aimera jamais.

LA VOIX DU DESTIN

Ou leurs qualités, défauts, horoscopes et conseils, expliqués aux consultants par la décomposition alphabétique de leurs noms et prénoms.

(*Système devinatoire complètement inédit.*)

DÉFAUTS.	QUALITÉS.	DÉFAUTS.	QUALITÉS.
A Arrogance.	A Amitié.	A Ambition.	A Amour.
B Bavardage.	B Bienfaisance	B Béotisme.	B Beauté.
C Caprice.	C Constance.	C Cupidité.	C Courage.
D Dissimulat.	D Délicatesse.	D Dédain.	D Droiture.
E Effronterie.	E Erudition.	E Egoïsme.	E Economie.
F Fanatisme.	F Fidélité.	F Froideur.	F Franchise.
G Gloutonnerie	G Galanterie.	G Gourmandise.	G Générosité.
H Hebêtement	H Héroïsme.	H Hablerie.	H Hardiesse.
I Ingratitude.	I Impartialité	I Injustice.	I Industrie.
J Jonglerie.	J Jugement.	J Jalousie.	J Justice.
L Lascivité.	L Loyauté.	L Ladrerie.	L Largesse.
M Mensonge.	M Modestie.	M Médisance.	M Magnanimité
N Niaiserie.	N Naïveté.	N Nonchalance	N Nec-plus-ultra
O Opiniâtreté.	O Obligeance.	O Orgueil.	O Obéissance.
P Paresse.	P Prestance	P Pusillanimité	P Prudence.
Q Querelleur.	Q » (bonne)	Q Querelleur.	Q Qual. supér.
R Raideur.	R Respectueux	R Rancune.	R Religion.
S Société.	S Serviabilité.	S Sensualité.	S Sensibilité.
T Tartuffe.	T Tact.	T Trahison.	T Tendresse.
U Usure.	U »	U Uniformité.	U Urbanité.
V Vicieux.	V Vaillance.	V Vanité.	V Vertu.
Z Zèle.	Z Zizanie.	Z »	Z »

Nota. Pour les lettres K, X, Y, qui ne sont pas françaises, mettez à leur place en toutes lettres le nom du consultant.

CONSEILS ET HOROSCOPES

A Aimez qui vous aime.
B Bien des efforts vous restent à tenter.
C Cessez de croire les médisants.
D Dans peu vous recevrez de bonnes nouvelles.
E Ecoutez les sages avis.
F Fermement espérez en Dieu.
G Grands revers vous menacent.
H Hâtez-vous lentement.
I Il vous arrivera bien des peines.
J Je vous conseille la persévérance.
L Le destin vous sera favorable.
M Ménagez vos instants.
N Ne comptez pas sur vos amis.
O Oubliez les injures.
P Prenez garde à vos mauvais penchants.
Q Que votre vie sera courte.
R Réformez vos mœurs.
S Songez toujours à l'avenir.
T Travaillez le profit viendra.
U Une maladie vous menace.
V Vos enfants feront votre joie.

A Amusez-vous, mais prudemment.
B Bénissez votre sort.
C Calculez avant d'agir.
D Dirigez-vous vers le bien.
E En hésitation vous êtes passé maitre.
F Faites bien, bien vous adviendra.
G Gouvernez-vous plus sagement.
H Hésitez moins dans vos entreprises.
I Il est écrit là-haut que vous prospérerez.
J Jalousie non motivée vous perdra.
L La fortune vous sourira.
M Malgré bien des revers, espérez.
N Négligez moins vos intérêts.
O On vous trompe indignement
P Pardonnez à vos ennemis.
Q Querelles et cancans vous perdront.
R Rien ne sera sacré pour vous.
S Sans souci va de bon cœur à sa perte.
T Tendez la main à l'indigence.
U Une lettre inattendue vous réjouira.
V Vous serez heureux en ménage.

(Pour K, X, Y et Z voir l'observation plus haut).

Veut-on tirer l'oracle d'une personne par la décomposition de son nom, il faut d'abord écrire le nom, bien orthographié, et copier l'une après l'autre la ligne correspondante à la lettre choisie. Exemple : Supposons *Zénaïde.*

(1re colonne) QUALITÉS		(2e colonne) DÉFAUTS s'analysant de même manière.	
	zèle.		zizanie.
	économie.		égoïsme.
	nec-plus-ultra		nonchalance.
	amour.		ambition.
	industrie.		injustice.
	droiture.		dédain.
	égoïsme.		érudition.

(Les répétitions de lettres se prennent à la colonne suivante du même ordre.)

Traduction correcte de la 1re colonne.

Une fois ces mots tracés, pour en faire une phrase logique, quelques mots de liaison suffisent, comme ceux-ci : Vous êtes remplie de *zèle* et d'*économie*; votre cœur est le *nec-plus-ultra* en *amour; industrieuse* et pleine de *droiture*, pourquoi avez-vous parfois tant d'*égoïsme ?*

Pour les pronostics d'avenir, horoscopes ou conseils, prenons le nom de Marie.

Ménagez vos instants.
Aimez qui vous aime !
Réformez vos mœurs.
Il vous arrivera bien des peines.
Ecoutez les sages avis.

Ainsi qu'on le voit, cette traduction est pour le moins aussi simple que celle de l'ancienne Cartomancie si connue de tous, ou chaque carte ou tarot ne porte qu'un nom caractéristique. C'est ce même mode de lecture que nous adoptons dans la *Voix du Destin.*

Veut-on, de ce système devinatoire, faire une récréation de société? rien n'est plus facile; en voici pour exemple un jeu entièrement inédit que nous nommerons les 52 *groupes d'amour ou le Bataillon de Cythère.*

Le nombre des personnes qui peuvent prendre part à ce divertissement n'est pas limité, pourtant il serait bon d'être au moins une demi-douzaine. S'il s'y trouve un homme, la plus jeune dame lui cherche un nom à son gré dans le tableau des commandants, s'il n'y a que des dames, une d'elles sera choisie pour remplir ce rôle.

Le commandant une fois nommé, cherche le numéro de sa compagnie dans les 52 groupes d'amours; lorsqu'il l'a trouvé, il copie sur des petits papiers les six noms qu'il doit commander, et, les roulant ensuite, il les fait tirer au hasard à autant de personnes de la société ; toutes alors mettent leur enjeu, dont il reste dépositaire ; ensuite chacune interroge *le Destin* avec le nom qui vient de lui échoir. Le commandant, à l'instant, devra copier les mots produisant ce nom, ainsi qu'il est expliqué plus haut et en donner le sens, en les liant entre eux pour en faire lecture à haute voix (1).

Le commandant ayant eu soin de glisser son nom parmi les petits papiers tirés au sort, la personne entre les mains de laquelle il tombera, non-seulement perdra son enjeu, mais sera condamnée par lui à une de ces mille pénitences usitées dans les jeux de société, tels que *le baiser à la capucine*, *le portier du couvent*, *le pont d'amour*, *le dessous du chandelier*, *les aunes de rubans*, *etc.*, *etc.*, après quoi la pénitente reprendra le titre de commandant pour commencer le tour suivant.

Tous les papiers, non déroulés ou non lus, restent dans les mains qui les possèdent ; et au sixième tour, celle qui se trouve en avoir le plus gagne tous les enjeux déposés dans le moment ; elle donne

(1) Le choix des défauts ou qualités appartient à la consultante.

alors à sa volonté à chacune de ses compagnes un mot à analyser dans le tableau des conseils ou horoscopes ; de cette manière, toutes le faisant haut et successivement, se condamnent ou conseillent elles-mêmes, devant témoins. Ce petit dénouement est peut-être la seule récréation de société qui fasse passer la morale au milieu de l'hilarité.'

Nota. Ce jeu, appelé à recréer une famille où des réunions d'amis, présenterait trop souvent, à la traduction, les mêmes noms ou prénoms, voilà ce qui lui a fait préférer ceux des *groupes d'amours*, qui présentent plus de 300 variétés.

ARMÉE DE CYTHÈRE

Bataillon des cœurs-tendres.

NOM DES COMMANDANTS.

1 Albéric.	6 Alfred.	11 Arsène.
2 Adolphe.	7 Arthur.	12 Cléobule.
3 Gustave.	8 Alphonse.	13 Estève.
4 Ernest.	9 Camille.	14 Eraste.
5 Théodore.	10 Anténor.	

Bataillon des cœurs sincères.

15 Jules.	17 Maxime.	19 Stanislas.
16 Roderic.	18 Athanase.	20 Cléogène.

21 Evariste.	23 Casimir.	25 Ludolff.
22 Pamphile.	24 Gusman.	26 Prosper.

Bataillon des cœurs constants.

27 Martial.	32 Gaëtan.	37 Timoléon.
28 Anatole.	33 Hippolyte.	38 Gonzalve.
29 Victor.	34 Polydore.	39 Polémon.
30 Ulric.	35 Médéric.	
31 Oscar.	36 Théodule.	

Bataillon des cœurs froids.

40 Emmanuel.	45 Achille.	50 Florimond.
41 Léonce.	46 Eugène.	51 Roméo.
42 Raymond.	47 Edmond.	52 Théagène.
43 Théophile.	48 Théobald.	
44 Edouard.	49 Osmin.	

COMPAGNIES OU GROUPES D'AMOURS

Noms qui les composent.

N° 1.	Axianie.	Aspasie.
Albéric,	Zénaïde.	Cléonice.
commandant.	Léonora.	Dorine.
N° 2.	Célosie.	Mélinde.
Adolphe.	Delphine.	Elodie.
»	Théana.	Hortense.

N° 3. Gustave, commandant.	Amélia. Eudoxie. Florestine.	Adonia. Elvire. Antonine.
N° 4. Ernest. »	Sulpicie. Aslėga. Inès.	Amanda. Celtine. Eponine.
N° 5. Théodore. »	Pauliska. Euphémie. Funestine.	Amica. Mathilde. Alicia.
N° 6. Alfred. »	Adonia. Constantine. Phaloé.	Félime. Agathine. Rosalba.
N° 7. Arthur. »	Clorinde. Alzéda. Florise.	Eulalie. Aurélia. Valentine.
N° 8. Alphonse. »	Azélia. Ernelinde. Césanie.	Moïna. Chrysantine. Almeria.
N° 9. Camille. »	Illyrine. Amynta. Lisibelle.	Thélaïre. Honorine. Zélanie.

N° 10. Anténor, commandant.	Simplicie. Adrienne. Cynire.	Eriphile. Aloïsa. Clélie.
N° 11. Arsène. »	Fanny. Elverine. Agnodice.	Polixène. Euphrasie. Cléomire.
N° 12. Cléobule. »	Mœliosa. Coralie. Alexandrine.	Joséphine. Eristène. Paoline.
N° 13. Estève. »	Athalide. Elmonde. Alphonsine.	Pulchérie. Corinne. Eustasie.
N° 14. Eraste. »	Céphalie. Adine. Elgérie.	Almanza. Eolie. Ambrosine.
N° 15. Jules. »	Céphise. Eurimène. Golvina.	Cléophile. Ophélie. Léonice.
N° 16. Roderic. »	Théana. Emanie. Albérine.	Chryséïde. Nisa. Sophie.

N° 17. Roderic, commandant.	Caryte. Amynthe. Orphanie.	Georgette. Célina. Améline.
N° 18. Athanase. »	Glycérie. Clévina. Robertine.	Flaminie. Aline. Fléonie.
N° 19. Stanislas. »	Hersilie. Anaxarette. Isaure.	Florisca. Dioclée. Armandine.
N° 20. Cléogène. »	Anactorie. Serrilie. Cinthélia.	Néréa. Lidorie. Faléma.
N° 21. Evariste. »	Georgina. Isménie. Aldégonde.	Almaïde. Julia. Astérie.
N° 22. Pamphile. »	Urbina. Isménie. Frédégonde.	Délia. Aricie. Hubertine.
N° 23. Casimir. »	Paméla. Yseule. Clotilde.	Sagina. Alcidie. Cléodine.

Nº 24. Gusman, commandant.	Mélanie. Dalila. Léodamie.	Floresta. Basilide. Ariodine.
Nº 25. Ludolf. »	Azélina. Adeline. Andronie.	Marinette. Lisinka. Sylverine.
Nº 26. Prosper. »	Pauline. Evelina. Jenny.	Arthénie. Eudora. Irène.
Nº 27. Martial. »	Palmire. Irzelle. Phrosine.	Elfrida. Lidamie. Zoé.
Nº 28. Anatole. »	Argine. Phédosie. Elisa.	Olinde. Félicie. Emma.
Nº 29. Victor. »	Praxile. Néotère. Henriette.	Aglantine. Orphise. Argélie.
Nº 30. Ulric. »	Mégarite. Phylire. Edna.	Apolline. Aménaïde. Nérine.

N° 31. Oscar, commandant.	Virginie. Anna. Nathalie.	Pancharise. Elvina. Stépbanie.
N° 32. Gaëtan. »	Parmenie. Azaïde. Lesbie.	Elisca. Albertine. Nœris.
N° 33. Hippolyte. »	Laurentine. Clara. Mélite.	Alcime. Athénaïse. Irma.
N° 34. Polydore. »	Amérine. Héléna. Andrina.	Nathalie. Aglaë. Sidonie.
N° 35. Méderic. »	Flora. Ludovise. Zéphirine.	Césarine. Augusta. Zaphné.
N° 36. Théodule. »	Glaphyrine. Leucoxie. Grégorine.	Rosaïde. Thargéline. Lazarine.
N° 37. Timoléon. »	Angélina. Elaïs. Amélie.	Saphira. Théonie. Anastelle.

N° 38.	Sélima.	Anaïs.
Gonzalve,	Niobé.	Vertherie.
commandant.	Cyprienne.	Aristine.
N° 39.	Alphérine.	Falcidie.
Polémon.	Palma.	Zirphile.
»	Fœdora.	Justine.
N° 40.	Chrysoline.	Zirphée.
Emmanuel.	Flavie.	Lisisca.
»	Phélina.	Sempronie.
N° 41.	Laure.	Pélagie.
Léonce.	Falisca.	Lydia.
»	Zulmé.	Nicosie.
N° 42.	Sophronie.	Thélésia.
Raymond.	Narina.	Zénobie.
»	Calystine.	Paméline.
N° 43.	Uranie.	OEnane.
Théophile.	Wilhelmine.	Lina.
»	Cydalise.	Rosine.
N° 44.	Zétulbé.	Cyclaminte.
Edouard.	Mélina.	Théodine.
»	Léopoldine.	Zulica.

N° 45. Achille. commandant.	Léocadie. Séraphine. Caroline.	Malvina. Eléonore, Florentine.
N° 46. Eugène. »	Léontine. Sophronie. Elma.	Osminie. Aglaure. Zulna.
N° 47. Edmond. »	Sylvia. Ernestine. Anastasie.	Lisbeth. Thaïs. Cécilia.
N° 48. Théobald. »	Clémentine. Sévérine. Rosalba.	Théophanie. Versilie Zulima.
N° 49. Osmon. »	Andréline. Elomire. Alphirise.	Giraldine. Clymène. Ida.
N° 50. Florimond, »	Rosella. Callidie. Léontia.	Valérie. Constance. Marie.
N° 51. Roméo. »	Lucie. Thaïre. Adèle.	Olympe. Fulvie. Lycoris.

N° 52.	Victorine.	Elphise.
Théagène.	Eugénie.	Zélida.
commandant.	Sylvanire.	Francine.

Dissection des Cœurs féminins

AVEC UN SIMPLE JEU DE PIQUET

(NOUVELLE RÉCRÉATION DE SOCIÉTÉ)

Sur le revers des 32 cartes, copiez en haut de chacune une des 32 questions ci-dessous, et dans le bas, une des 32 réponses; si vous le préférez, écrivez les réponses sur les 16 rouges, et les demandes sur les 16 noires, cela est facultatif. Battez bien les cartes, distribuez-les par la moitié à la personne que vous consultez, et prenez au hasard telle ou telle question dans vos cartes, à laquelle on répondra de la même manière. La surprise sera grande dans la société, de voir, sans livre ni simagrées ordinaires, répondre si catégoriquement à la demande des premiers venus.

RÉPERTOIRE A COPIER

Questions.	Réponses.
1. L'amour a-t-il fait battre votre cœur?	1. Pouvez-vous en douter.

2. Les passions ont-elles sur vous quelque empire?	2. Beaucoup trop.
3. Vous sentez-vous capable d'être fidèle en amour?	3. Je trouve votre demande un peu indiscrète.
4. Aimez-vous Paris et ses plaisirs?	4. Cela m'arrive assez souvent.
5. Changez-vous souvent de sentiments?	5. Par bouffées.
6. Le jeu vous amuse-t-il?	6. Comme toutes les femmes.
7. La campagne et ses douceurs vous plaisent-elles?	7. Rarement.
8. Les plaisirs de la table ont-ils pour vous quelques attraits?	8. Est-ce à moi à vous répondre.
9. Etes-vous curieuse?	9. Assez, je l'avoue.
10. Vous occupez-vous quelquefois de pensées sérieuses?	10. Jugez-en par vos yeux.
11. La modestie est-elle une de vos vertus?	11. Quelquefois.
12. Aimez-vous attirer les regards des hommes?	12. C'est mon faible.
13. Faites-vous de grands frais pour votre toilette?	13. Je n'ose vous le dire.
14. Aimez-vous les plaisirs bruyants?	14. Tantôt oui, tantôt non.
15. Aimez-vous à briller dans la société?	15. Vous êtes trop curieux.
16. Etes-vous sensibles aux petits soins que les hommes ont pour les dames?	16. Oui, quand je suis seule.
17. Vous laisseriez-vous séduire par des promesses?	17. Jamais.
18. Aimeriez-vous un homme qui aurait aimé d'autres femmes?	18. Et pourquoi pas.
19. Ajoutez-vous foi aux compliments des hommes?	19. Cela dépend des circonstances.

20. Croyez-vous au véritable amour?	20. Pas trop et j'ai mes raisons pour cela.
21. Savez-vous apprécier les charmes d'un tête-à-tête?	21. A vous entendre, il faudrait tout vous confier.
22. Briguez-vous le suffrage de vos semblables?	22. Que trop malheureusement.
23. Etes-vous sujette à la mélancolie?	23. Jugez-en par ma mise.
24. Cette vie a-t-elle pour vous des charmes?	24. Cela m'est arrivé souvent.
25. Aimez-vous les promenades solitaires et retirées?	25. Essayez de vous en convaincre par vous-même.
26. La frivolité a-t elle pour vous bien des attraits?	26. Je n'ai pas ce bonheur.
27. Les soins de votre toilette vous occupent-ils beaucoup?	27. Par égard pour vous je ne vous répondrai pas.
28. Conservez-vous fidèlement les secrets qui vous ont été confiés?	28. Cela m'est arrivé plus d'une fois.
29. Pourriez-vous haïr une personne que vous auriez beaucoup aimé?	29. Pas aussi bien que vous pourriez le croire.
30 Avez-vous le défaut d'être coquette?	30. Quelle question!
31. N'avez-vous jamais critiqué à tort et par jalousie la conduite des autres femmes?	31. Cela dépend des dispositions de mon esprit.
32. Un homme raisonnable et posé vous plairait-il plus pour mari qu'un de ces jeunes étourdis qui ne rêvent que fêtes et plaisirs?	32. C'est mon défaut comme celui de toutes les personnes de mon sexe.

Nota. — Il ne faut pas que la personne qui doit répondre, lise sa carte avant de la jeter; elle a simplement le droit de choisir dans son paquet, mais le questionneur seul la relève et doit en faire la lecture haut.

Plus de Bohémiens!

OU LA CARTONOMANCIE SIMPLIFIÉE

Au point d'y lire soi-même, sans étude spéciale

Système Halbert (d'Angers)

Bien que nous donnions ici la signification généralement appliquée à chaque carte, nous invitons une fois de plus nos lecteurs à ne s'incliner que devant les arrêts de la Providence, et à prendre plutôt l'espérance pour guide que de croire trouver leur destin futur sur un ou plusieurs morceaux de cartons, faits pour égayer la frivolité humaine.

Cœurs.

Le roi dénote un homme bienfaisant. — Renversé : gêné dans ses projets.

La dame, femme bonne et serviable. — Renversée : retard dans ses espérances.

Le valet, militaire qui vous sera lié et utile. — Renversé : il aura des empêchements.

L'as, nouvelle agréable. — Entouré de figures : festins, repas d'amis.

Le dix, surprise qui fera plaisir.

Le neuf, réconciliation, alliance entre gens qu'on veut brouiller.

Le huit, satisfaction par ses enfants. — Aux célibataires : succès.

Le sept, bon mariage.

Carreaux.

Le roi, homme qui cherche à vous nuire. — Renversé : et qui y réussira.

La dame, femme médisante. — Renversée : qui vous fera du tort.

Le valet, nouvelles par un militaire. — Renversé : elles seront fâcheuses.

L'as annonce une lettre.

Le dix, voyage nécessaire et imprévu.

Le neuf, retard pour de l'argent.

Le huit, démarches d'un jeune homme qui vous surprendront.

Le sept, gain au jeu de hasard. — Avec l'as de carreau : bonnes nouvelles.

Piques.

Le roi, homme de robe qui vous interpellera. — Renversé : perte d'un procès.

La dame, veuve qui veut vous tromper. — Renversée : elle y réussira.

Le valet, jeune homme qui vous causera des ennuis. — Renversé : présage d'une trahison.

L'as, grande tristesse.

Le dix, emprisonnement.

Le neuf, retard dans les affaires.

Le huit, mauvaise nouvelle. — Suivi du sept de carreau : pleurs et discorde.

Le sept, querelles et tourments, amoindris si quelques cœurs l'accompagnent.

Trèfles.

Le roi, homme juste qui vous veut du bien. — Renversé : retard dans ses bons projets.

La dame, femme qui vous aime. — Renversée : femme jalouse.

Le valet, mariage. — Qui subira des entraves s'il est renversé.

L'as, gain, argent à recevoir.

Le dix, succès dans les affaires. — Suivi du neuf de carreau : retard d'argent. — A coté du neuf de pique : perte.

Le neuf, réussite en amour.

Le huit, espérances bien fondées.

Le sept, faiblesse d'amour. — Suivi du neuf : héritage.

Cartes de même valeur qui se suivent.

4 *rois*. Honneurs, dignités.
3 — Succès dans le commerce.
2 — Bons conseils.
4 *dames*. Grands caquets.
3 — Tromperie de femmes.
2 — Amitié.
4 *valets*. Maladie contagieuse.

3 *valets*. Paresse.
2 — dispute.
4 *as*. Mort.
3 — Libertinage.
2 — Inimitié
4 *dix* Evénements désagréables
3 — Changement d'état.
2 — Perte.
4 *neuf*. Bonnes actions.

3 *neuf*. Imprudence.
2 — Argent.
4 *huit*. Revers.
3 — Mariage.
2 — Désagréments.
4 *sept*. Intrigues.
3 — Divertissements.
2 — Amourettes, petites nouvelles.

Observation. — Il y a plusieurs manières de tirer les cartes; on les tire généralement par sept, trois et quinze. Pour tirer les cartes par sept, qui est la plus simple, on compte le jeu de cartes de sept en sept, mettant de côté la septième de chaque paquet. En répétant trois fois cette opération, on produira douze cartes ; vous étendez ces douze cartes sur la table, les unes à côté des autres, selon l'ordre dans lequel elles sont venues, ensuite vous cherchez ce qu'elles signifient, d'après la valeur de chaque carte, telle qu'on l'a expliqué.

Il ne faut pas oublier, avant de lire les cartes, de voir si la personne pour laquelle on les tire est sortie du jeu. On prend ordinairement le roi de cœur pour un homme blond marié; le roi de trèfle pour un brun marié; la dame de cœur pour dame ou demoiselle blonde; la dame de trèfle pour dame ou demoiselle brune; le valet de cœur pour un jeune homme blond; le valet de trèfle pour un garçon brun.

Si la carte qui représente la personne pour qui on opère ne se trouve pas dans les douze cartes, on recommence l'opération jusqu'à ce qu'elle sorte.

FIN.

Paris. — Typographie Gaittet, rue Gît-le-Cœur, 7.

DICTIONNAIRE

ALPHABÉTIQUE, HISTORIQUE ET ANEDOCTIQUE

DES

SCIENCES OCCULTES

DICTIONNAIRE

ALPHABÉTIQUE, HISTORIQUE ET ANECDOTIQUE

DES

SCIENCES OCCULTES

Mises en pratique depuis les temps les plus reculés dans tous les pays du monde

---

Ici devait tout naturellement être clos ce quadruple oracle, d'après les conventions faites avec mon éditeur; mais, en présence des frais que ce dernier n'a pas hésité de faire pour satisfaire le public, j'ai cru de mon devoir de m'associer à lui, en plaçant ici le dictionnaire qui va suivre, afin de ne laisser à ce volume, par ce complément nouveau, aucune rivalité dans les productions de mes devanciers.

Le passé ne nous appartient plus, le présent nous échappe, mais l'avenir est à nous; c'est l'axe autour duquel l'existence gravite [1]. L'avenir, c'est le lendemain d'un jour qui passe et fuit. L'homme heureux s'inquiète si le même soleil s'élèvera rayonnant sur sa tête, l'homme malheureux si le vent de la tempête s'apaisera. L'avenir a toujours oc-

1. A. d'Argeln. *Hist. phil. et théol. de l'œuf.*

cupé l'homme, c'est pour lui l'étoile merveilleus dont il cherche la lumière dans un monde in connu... C'est l'espérance qu'un fluide d'or ar rose, enfin c'est la pensée principale qui s'empar de son cœur, pensée qu'il ne peut éloigner ni évi ter, parce qu'elle est une émanation comme u effet de son organisation et de sa nature.

Dans les temps les plus reculés, on a cherché soulever le voile de l'avenir. *Chilon*, philosoph grec, dit que *la perfection de l'homme est de pr voir ce qui arrivera*, et selon *Isocrate*, ce que l'o entend par *divination*, quoique occulte, *est un science* : mais comme l'homme n'a pu en lui-mêm et par sa propre raison en trouver les moyens, les a cherchés dans des causes ou des signes e dehors de sa nature et de sa vie, et sans liaiso par conséquent, avec sa volonté.

L'homme aime le merveilleux, et plus il est élev en intelligence, plus il le recherche, comme si s raison rendait son esprit trop froid et le borna dans un cercle insuffisant pour contenir sa pen sée.

Les Hébreux croyaient aux talismans, les Egyp tiens, aux mages, les Grecs, aux oracles, les Ro mains, aux augures et aux sybilles; il fallait à to prix des paroles mystiques, témoins celles qui so tirent de *Delphus*, de *Trophonius*, de *Calcas* et d *Dodone*.

Numa Pompilius conférait avec la nymphe Eg rie, l'empereur Auguste avec la sybille Tiburtine

1. En 1760, avant les prétendus embellissements qui fire disparaître sous un uniforme badigeon les peintures mura de nos temples, l'on voyait dans l'église Saint-Séverin, à Par

Platon, Socrate et Thémistocle avaient quelque croyance aux fèves symboliques appelées la *Cuarnonismancie.* César, le plus savant de Rome, César, le plus grand capitaine des temps anciens, dont le manteau couvrait l'Orient et l'Occident, fit un traité des augures. Xaleusis consultait une biche; Marcus se faisait suivre par une *devineresse;* Auguste et Tibère avaient recours à la *cubomancie;* Charles VII recevait les avis de la *Pucelle;* Louis XIV consultait *le Devin de la forêt de Saint-Germain;* Napoléon, *Moreau*, Joséphine, *Mlle Lenormand;* Louis XVIII, *Martin;* Louis-Philippe et sa sœur, *Mme Clément*, etc.

Il faut, nous l'avons dit, du merveilleux à l'homme : il semble que par là il dissipe les larges ombres qui pèsent sur ses jours, que ses maux de la veille s'apaisent dans son cœur comme l'orage qui, ayant grondé, s'endort dans l'espace.

Nous allons donc, alphabétiquement, classer

les figures des prophètes, des sybilles et des apôtres, peintes par Jacob Bunel, de Blois, sous le règne de Henri IV. Pour expliquer la présence des sybilles, ces oracles du paganisme, parmi les prophètes de l'Ancien Testament et les apôtres du Nouveau, il faut ajouter que l'Eglise, avant la réforme des bréviaires gallicans, les avait associées comme prophétesses à ceux de la Bible, attendu que l'une d'elles, la sybille Tiburtine, avait annoncé, dit-on, à l'empereur Auguste, la naissance du Messie, et lui avait fait voir dans les nues une vierge tenant un enfant entre ses bras. C'est d'après les principes de la réforme que l'on supprima dans quelques bréviaires ce vers ridicule : *Teste David, cum sybilla,* qu'on chantait autrefois dans la prose des morts et qu'on retrouve encore dans les anciens livres d'heures imprimés au XVIe siècle.

(*Observations hist. et critiq. sur les erreurs des peintres et sculpt.* MOLÉ, tome II, p. 41.)

maintenant tous les moyens employés jusqu'à ce jour pour connaître l'avenir.

Aëromancie. — On entend par ce mot toutes divinations qui se font par la considération de tout ce qui se passe dans l'air; comme par les spectres qui y paraissent, par les tonnerres qui s'y font entendre, par les météores extraordinaires qu'on y remarque, ou par les oiseaux qu'on y voit voler.

Altomancie. — Divination qu'on tire des plongeons. On prétend que quand ils quittent la mer, c'est un signe de calme et de bonace. On tire le même pronostic du nid des alcyons sur la mer.

Alectriomancie. — Cette divination se pratiquait par le moyen d'un coq, qui mangeait des grains de blé posés sur les lettres de l'alphabet. Voici en quoi consistait la cérémonie de cette superstition. On divisait un certain lieu en parties égales, et sur chacune de ses parties on écrivait une lettre de l'alphabet : ensuite, après avoir mis un grain de blé sur chaque lettre, on faisait entrer un coq et on prenait note des lettres dont il avait premièrement avalé les grains; puis on en tirait des conjectures. L'empereur Valens se servit de cette divination pour connaître celui qui lui devait succéder, afin de s'en défaire, et parce que le coq avait mangé les grains qui s'étaient trouvés sur ces quatre lettres T. E. O. D., il fit mourir tous ceux qui s'appelaient *Théodose*, *Théodore*, *Théodate*, *Théodule* et *Théodite*. Il eut cependant, malgré ses cruelles précautions, Théodose-le-Grand pour successeur, *car, quelques précautions jalouses que prenne un prince, il ne peut jamais faire périr celui qui lui succédera*, disait Trajan.

Alomancie. Divination par le sel. Elle est encore en usage à présent. Bien des gens regardent une salière renversée comme un très-mauvais augure. Les anciens payens ont été les auteurs de cette superstition ; ils croyaient que le sel était sacré et divin. Voici une remarque fort curieuse qu'a fait M. Dacier sur cette matière, dans l'explication de l'ode XVI du livre second d'Horace. Les anciens croyaient que le sel était sacré ; c'est pourquoi Homère l'a appelé divin, et Platon. Θεοφιλὲς χῶμα. Ils sanctifiaient même leurs tables par les salières. Arnobe, *sacras facitis meuras salinorum apposite et simulacris Deorum.* Vous sanctifiez vos tables en y mettant les salières et les statues des dieux. De là vient que, si on avait oublié de mettre la salière, la table était profanée, et l'on était menacé de quelque malheur ; aussi bien que quand on la laissait sur la table, et qu'on s'endormait avant que de l'avoir serrée. Fertus rapporte sur ce sujet l'histoire d'un potier, qui fut puni très-sévèrement de cette faute. Car s'étant mis à table avec ses amis près de la cheminée, et s'étant enfin endormi ivre et accablé de sommeil, un vagabond, qui rôdait la nuit, vit la porte ouverte, entra, vola, et jeta la salière dans le foyer, ce qui provoqua un tel embrasement, que le potier fut brûlé avec la maison et ceux qui étaient dedans. Les potiers alors furent longtemps sans oser se servir de salière. Cette superstition trouve encore place aujourd'hui dans l'esprit de beaucoup de personnes, même fort spirituelles, qui ne peuvent s'empêcher d'avoir du chagrin, si un domestique a oublié une salière ou s'il en a versé le sel. Les Romains avaient pris ce scrupule des Grecs, qui avaient une vénération singulière pour la table. C'est sur cela qu'est fondé le reproche qu'Archilochus fait à son beau-père Lycambe, en ces termes : Tu as violé ton serment, tu as profané le sel et la table. J'ajouterai à cette remarque, que des Hébreux même sont assez ridicules pour dire, chez Lyranus, que la femme de Loth fut changée en une statue de sel, parce que, lorsque son mari traita les anges, elle n'avait pas mis du sel sur la table, à cause de la haine qu'elle portait aux étrangers. Les prêtres d'Egypte n'en mettaient jamais sur leurs tables, parce qu'ils prétendaient que c'était l'écume de leur grand ennemi Typhon.

Alphitomancie. Elle se faisait par l'orge, le froment, ou par la farine dont on se servait dans les sacrifices.

Alveromancie. C'était à peu près la même chose que l'alphitomancie. Elle servait à découvrir les larcins des esclaves soupçonnés. Pour la pratiquer, on les menait aux prêtres, qui leur donnaient une croûte de pain enchanté, laquelle leur demeurant dans la gorge, était une marque qu'ils étaient coupables du larcin dont on les soupçonnait. C'est ce qui donna occasion à un ancien de dire, voyant quelqu'un qui mangeait toute la croûte de pain, que c'était pour prouver qu'il était homme de bien. L'art de deviner, dont se servit Esope en buvant et en faisant boire de l'eau chaude à ceux qui étaient soupçonnés avec lui d'avoir mangé les figues de son maître, était une divination bien plus naturelle.

Amniomancie. C'est une divination que les sages-femmes ont introduite, pour connaître la fortune de l'enfant nouveau-né, par la considération de la membrane que les Grecs appellent *amnios*, dont il est quelquefois revêtu. Cette superstition a donné lieu au proverbe qui est encore en usage, lorsque, pour témoigner qu'un homme a du bonheur, on dit qu'il est *né coiffé*. Chez les Romains, les avocats achetaient cette coiffe, se persuadant qu'elle était d'un grand secours pour gagner les causes que l'on plaidait. M. Naudé nous apprend, dans son apologie des grands hommes accusés de magie, qu'il y a des superstitieux qui prétendent que les enfants qui naissent aux jours des quatre-temps, apportent ordinairement leurs coiffes avec eux.

Anagrammatisme. Elle se fait en cherchant dans les lettres d'un nom quelque chose qui doive arriver à celui dont on fait l'anagramme, comme on prétend qu'il arriva à un nommé André Pujon, qui fut pendu à Rion, après qu'on eut trouvé dans son nom ces trois mots : *pendu à Rion*. Un autre non moins curieux, est celui annonçant la mort du malheureux Georges, mécanicien de la locomotive *le Mathieu Muray* (8 mai 1842, accident du chemin de fer de Versailles, rive gauche).

Le lendemain de la catastrophe, on ramassa dans l'embarcadère les fragments d'un bulletin de départ qui avait servi à allumer la pipe de l'infortuné Georges, et qui était ainsi conçu :

A. N° 45, chemin de fer de la rive gauche, 8 *mai*...—
Départ à une heure 1/2 *S.*

En décomposant ces mots, on trouve cette étonnante prédiction :

G...

Une machine à 4 *roues te fera perdre la vie, dimanche*
8, *à* 5 *heures* 1/2.

Il ne reste que la lettre D. — L'avis venait-il de Dieu ?... Colletet dit plaisamment contre les faiseurs d'anagrammes :

Et sur Parnasse nous tenons,
Que tous ces renverseurs de noms
Ont la cervelle renversée.

Sans être positivement de l'avis de M. Colletet sur les anagrammistes, qui rencontrent parfois des choses bizarres dans la décomposition des noms, ni prétendre comme Eusèbe de Salverte, *que notre nom, c'est nous-mêmes,* nous sommes forcés d'admettre que souvent le nom est une bonne ou mauvaise fortune pour qui le porte. Citons un exemple : Philippe-Auguste, voulant faire alliance avec Alphonse Ier, roi de Castille, lui envoya demander sa fille en mariage pour son fils Louis VIII. Lorsque les ambassadeurs de France furent arrivés à la Cour de Castille, on leur présenta deux princesses, qui étaient à peu près de même âge, et on leur permit de choisir celle qui leur plaisait davantage. Ils jetèrent les yeux sur la plus jeune, qui était beaucoup plus belle que l'aînée; mais l'ayant entendu appeler Urraca (nom Castillan qui en français veut dire Henriette), ce nom les épouvanta; ils crurent qu'une reine de France ne devait pas porter un nom si choquant, et demandèrent l'autre qui se nommait Blanche ; elle leur fut accordée. C'est la mère de saint Louis si connue dans l'histoire.

La superstition des noms a été singulière chez tous les peuples. Lorsque les Romains levaient des troupes, ils prenaient toujours garde que le premier soldat eût un nom de bon augure. Les censeurs, en faisant le dénombrement des citoyens, nommaient toujours le premier celui qui leur paraissait avoir un nom favorable. Dans les sacrifices, on ne donnait les victimes à conduire qu'à ceux qui en portaient un agréable. L'on voit aujourd'hui des gens prendre garde au nom de la première personne qu'ils rencontrent au jour de l'an. Un homme de haut rang refuse souvent de recevoir telle personne à son service, parce qu'elle porte tel nom. Peut-on croire que les noms de Pierre, Jacques ou Benoît aient du rapport avec tel événement, et que l'un en rende les suites plus favorables que l'autre?

Antropomancie. Cette divination consistait dans l'inspection des entrailles des hommes immolés. Héliogabale et Julien l'Apostat la pratiquaient, si nous en croyons quelques historiens. Après la mort de celui-ci, on trouva dans des caves, dans des puits, et dans d'autres lieux secrets du palais d'Antioche, plusieurs corps d'hommes égorgés, auxquels on avait arraché les entrailles. Il avait fait bâtir dans la ville de Carres un temple, dont l'entrée était connue de lui seul et des ministres de sa cruauté ; c'était là qu'il faisait ses sacrifices de corps humains, pour en analyser les entrailles. Peu de temps après sa mort, on trouva dans ce temple le corps d'une femme ouvert depuis la poitrine jusqu'au ventre et pendue par les cheveux à un poteau.

Dans une époque plus rapprochée de nous, nous retrouvons un féroce imitateur de Julien l'Apostat dans la personne du seigneur Gilles de Retz, qui immola sept épouses, qu'il eut successivement dans son château de Tiffauges en Bretagne; c'est sur ce terrible personnage que Charles Perrault a brodé son conte de *Barbe-Bleue*, qui effraya tant notre enfance.

Apantomancie. — Divination par les choses qu'on rencontre. M. Gassendy, parlant de Ticho-Brahé dans la vie qu'il en a écrit, dit que si ce savant homme rencontrait en sortant de chez lui un vieillard, ou un lièvre, il prenait cette rencontre à mauvais augure et retournait sur ses pas. On apprend dans Horace, liv. III, ode 27, que c'était un présage funeste de rencontrer une chienne pleine, ou une louve rousse, ou un renard, etc., sur son chemin. Saint Basile se plaint de gens qui se détournaient de leur route, ou même qui se bouchaient les yeux lorsqu'ils rencontraient un chat, ou qu'un chien venait à montrer sa tête. Saint Jean Chrysostôme critique aussi ceux d'entre les habitants d'Antioche qui prenaient pour un mauvais présage pour toute la journée de rencontrer une jeune fille le matin, et pour un fort bon si c'était une courtisane. M. T. 178. On trouve aussi dans une lettre de Pierre de Blois, archidiacre de Batre, à un de ses amis, sur ces superstitieux, qu'il en a vu dans son temps être saisis d'horreur lorsqu'ils trouvaient devant eux un lièvre, une femme échevelée ou un moine; mais qu'au contraire ils s'attendaient à recevoir une visite agréable si c'était un loup, un bossu ou un lépreux. Le comte d'Armagnac prenait pour mauvais présage la rencontre d'un Anglais.

Arcomancie. — Elle se faisait par la considération des nuées.

Arithmancie. — Elle consistait à examiner les nombres. Les Grecs prétendaient que la victoire était pour celui dont le nom contenait un plus grand nombre de lettres, et qu'à cause de cet avantage, Hector fut vaincu par Achille. Mais pourquoi le même Hector, dont le nom grec ne contient que cinq lettres, fut-il victorieux de Patrocle, dont le nom en contient neuf?

Aruspicine. — Ce mot vient des mots latins *ara* et *inspicio*, parce que cette divination a lieu dans la considération des entrailles des Hosties. Elle en comprenait d'autres, dont je parlerai dans la suite. Les anciens pratiquaient souvent cette manière de deviner, quoiqu'il soit très-vrai que c'était un grand abus, et que tout ce qu'on peut accorder à la cabale de ces fameux aruspices, c'est qu'ils pouvaient avoir, par l'inspection des entrailles des animaux, quelque légère connaissance des qualités de l'air, des eaux, ou de la terre qu'ils habitaient; mais le peuple, qui aime l'extraordinaire, ne s'en tenait pas là : on prétendait qu'ils avaient la connaissance de l'avenir par la même inspection, on croyait que les entrailles d'un veau apprenaient mieux le temps auquel il fallait livrer bataille que la capacité d'un Annibal, comme ce grand capitaine le reprocha au roi Prusias. On était si persuadé de la vérité de ces sortes de prédictions, que cette persuasion ne servit pas peu à Agésilaüs pour encourager ses troupes, qui étaient intimidées par le grand nombre des ennemis qu'il leur fallait combattre. Voici l'artifice dont se servit cet habile capitaine, ainsi que nous le rapporte Plutarque dans ses œuvres morales : Il écrivit à l'envers dans sa main gauche ce mot : *victoire;* et prenant des mains du devin le foie de la bête qu'on venait d'immoler pour le succès de ses armes, il le mit dans cette même main; puis faisant semblant de faire quelque profonde réflexion, jusqu'à ce que les caractères des lettres pussent être imprimée sur la superficie du foie, il le montra ensuite à ses soldats, comme un présage que les dieux leur accorderaient la victoire : ce qui leur rendit le courage qu'ils avaient perdu. On dit que les Hétruriens inventèrent cette divination aruspicine.

Alpidomancie. — Divination pratiquée aux

Indes, et dont nous apprécions les usages dans les relations de *la Floride* (voir cet ouvrage).

Astragalomancie. — Elle se pratique par une espèce de sort avec des petits bâtons, ou des dés, ou des tablettes écrites et jetées en l'air.

Astrologie judiciaire. — Elle prétend faire connaître comme nécessaires les événements futurs par l'inspection des astres. L'astronome de Louis XI s'assura une longue suite de jours par une répartie spirituelle. Le roi, qui avait confiance dans son savoir, lui demande de cet air peu rassurant qu'on lui connaissait, s'il savait à quel moment il mourrait : « Oui, sire, répondit-il hardiment, deux jours avant Votre Majesté ! » Chaque nouvel empereur de la Chine ne manque pas, à son avénement, de faire tirer son horoscope céleste ; la Chine, sans cela, se garderait bien de s'appeler le Céleste Empire.

Scrutateurs des choses futures,
Curieux des secrets des dieux
Pour apprendre vos aventures
L'art est faux et pernicieux.
Qui dans les grands chiffres des cieux
Croit découvrir nos destinées ;
Dieu seul comme roi des humains,
Tient le compte de nos années,
Et le destin du monde est l'œuvre de ses mains.

Astronomie. — Elle prétend, par des principes universaux et invariables, faire connaître la révolution des saisons, le cours des astres, leurs stations, rétrogradations, aspects, conjonctions, etc.; combien nos modernes Arago l'entendent mal !

Augure. — Cette sorte de divination se pratiquait en remarquant le vol, le chant et la manière de manger des oiseaux. Elle a été particulièrement défendue par l'Ecriture Sainte, *Lévit.*, 19, *Deut.*, 18, *Jérémie*, 27, *Isaïe*, 2. Les anciens païens étaient si fort attachés aux augures, qu'ils n'osaient presque rien entreprendre ni en public, ni en particulier, sans les avoir consultés. *Apud antiquos, non solum publici, sed etiam privatius, nihil gerebatur, nisi aruspicio prius sumpto.* Mais il s'est toujours trouvé entre les peuples superstitieux quelques grands hommes qui se sont moqués des sottises du vulgaire. Nous en avons un exemple dans Valère Maxime au sujet de cette divination ; le voici : Publius Claudius étant prêt de donner un combat sur mer, du temps de la première guerre punique, eut recours aux devins, selon la coutume : mais celui qui nourrissait les poussins, dont on tirait les augures pour décider sur les affaires les plus importantes, l'avertit, comme d'un très-mauvais présage, qu'ils ne voulaient pas sortir de leur cage pour venir manger. Claudius, se mettant en colère, les fit jeter dans la mer, en disant : *Puisqu'ils ne veulent pas manger, qu'ils boivent.* Polydore Virgile nous apprend sur la même matière une histoire qui n'est pas moins agréable que celle de Valère Maxime. Un juif, dit-il, nommé Mosselame, étant dans une armée et ayant entendu qu'un augure avait commandé de l'arrêter pour considérer un oiseau qui volait, il le tua, sans rien dire, d'un coup de flèche; et voyant que le devin, et plusieurs se fâchaient contre lui, il leur dit : « Pourquoi vous mettez-vous en colère? Dites-moi, je vous prie, comment cet oiseau eût-il pu vous prédire le succès de notre voyage, puisqu'il ignorait sa propre fortune? » Voilà de quelle manière on devrait combattre ces sortes d'abus, en s'en moquant; parce qu'en les combattant d'une manière sérieuse, on leur donne plus de poids qu'ils n'en ont par eux-mêmes. Ce sont des erreurs de l'esprit de l'homme si ridicules, qu'elles ne méritent que du mépris. Socrate se moqua aussi agréablement que Claudius et Mossolame d'un prétendu mauvais présage qu'on voulait tirer de ce que ses souliers avaient été rongés par des souris. « Il y aurait bien plutôt de quoi s'étonner, leur dit-il, si nos souliers avaient rongé les souris. »

Il faut remarquer que ce présage était un augure, quoiqu'il fût tiré des souris, parce que l'on a pris le mot *augure* pour toutes sortes de divinations ou conjectures. *O mea semper frustra verissima auguria verum futurarum ?* dit Cicéron. Il faut lire là-dessus Festus Pompeius, avec les savantes remarques de M. Dacier sur cet auteur. La raillerie de Socrate me fait ressouvenir de celle-ci, rapportée par Quintilien : Les habitants de Tarragonne ayant envoyé à l'empereur Auguste des ambassadeurs pour lui apprendre comme un bon présage qu'un palmier était né sur l'autel du temple qu'ils lui avaient fait bâtir, ce prince leur répondit, en se moquant, qu'il voyait bien qu'on ne faisait guère brûler de victimes sur cet autel.

Axinomancie. — Une hache, ou une cognée était l'instrument de cette divination. On la fichait dans un pieu rond, et, en observant son branle et son mouvement, on croyait connaître les auteurs des larcins ou autres crimes. On s'en servait d'une autre manière, selon Pline, pour connaître les choses futures.

Biastomancie. — C'est le mauvais présage qu'on tire du cri ou de la vue des hiboux ou chat-huants.

Blefaromancie. — Divination en remarquant le mouvement des paupières. L'histoire des Incas (de Marmontel) observe que ceux du Pérou prennent à bon augure le tremblement de la paupière d'en haut.

Botanomancie. — Pour pratiquer cette divination, on se servait d'herbes, particulièrement de la sauge, en écrivant sur leurs feuilles les demandes et les noms de ceux qui souhaitaient savoir l'avenir ; puis on les exposait aux vents, et on remarquait celles qui n'avaient point changé de place.

Brecomancie. — Divination, ou augure, en remarquant la pluie. M. de La Motte-le-Vayer dit, tome II, que les Turcs croient que c'est un bon présage pour eux si la pluie les surprend en sortant de leurs logis.

Cabale. — Science occulte, ou doctrine mystérieuse des Rabbins. On divise cette science en trois parties, que l'on nomme *Gametria*, *Notarica* et *Thémura*. La Gametrie se pratique en expliquant les lettres d'un mot : par exemple, il est dit dans l'Exode, *Precedet te Malachi* (*id est angelus meus*). Les cabalistes trouvent que cet ange est *saint Michel*, parce que les lettres du mot *Malachi*, étant transposées, sont le mot *Michaël*. La Notarique fait de chaque lettre un mot entier, on explique un mot par un autre qui contient le même nombre : par exemple, on lit dans le Psaume 3 ces mots *Multi in surgunt in me*, parce que le mot hébreu, qui signifie *multi*, est composé d'un R, d'un B, d'un I et d'un M. De là les cabalistes conjecturent que ces gens sont les Romains, les Babyloniens, les Ioniens et les Mèdes. L'art Thémura consiste dans le changement des lettres que l'on fait équivalentes dans certaines combinaisons. Cette science, dans ses trois parties, n'est qu'un amusement de petits esprits, faiseurs d'Acrostiches, etc., puisque dans un même mot on peut trouver différentes explications; par exemple, au lieu de *Michael*, on peut lire *Chamiel*, Kimaël, etc., c'est-à-dire ange de feu, ange de plaies, etc., et par les quatre lettres R, B, I, M, on peut entendre les Rabins, les Bactriens, les Iduméens et les Mohabites. Lisez le père Kirker dans le tome II de son *Œdipus Ægyptiacus*.

Capnomancie. — Cette divination considérait les fumées des sacrifices et des bûchers, leurs tours, leurs élévations, leurs mouvements droits, ou obliques, et leurs odeurs. Théophilacte dit sur Osée que les Juifs remarquaient la fumée des sacrifices en considérant si elle montait droit on non. Stace, parlant du devin Tiresias qui considérait la fumée d'un sacrifice, dit qu'il embrassait les feux qui couronnaient les autels, et qu'avec un visage enflammé il humait la vapeur qui faisait prophétiser.

Catoptromancie. — Cette divination consistait à faire remarquer par un petit enfant dans un miroir ce qu'on voulait savoir. Spastien dit que Julien s'en servait. Si nous en voulons croire Cælius et le Loyer, Pythagore prévoyait l'avenir en exposant à la lune un miroir concave, sur lequel il avait écrit quelques caractères avec du sang humain. A. Porta nous veut persuader en sa magie naturelle que François Ier, faisant la guerre à Charles-Quint, un magicien faisait savoir aux Parisiens ce qui se passait à Milan, en écrivant sur un miroir ce qu'il voulait qu'ils apprissent et l'exposant à la lune, de sorte qu'on lisait en cet astre ce qui était écrit sur ce miroir. Je ne sais s'il y aura beaucoup de gens qui liront cette histoire. Pour moi, quand je considère l'inconstance et le changement continuel de la lune, j'ai de la peine à croire qu'elle soit assez fidèle pour faire part d'un secret seulement à celui à qui on veut qu'elle le confie. Cette réflexion est une plaisanterie, me dira-t-on ; mais pourquoi ne pas plaisanter sur des histoires si plaisantes et si badines.

Castronomancie. — On pratiquait cette divination en prononçant certaines paroles entre les dents au-dessus d'un verre plein d'eau et avec un cierge allumé; cela se fait encore en Vendée.

Cephalaionomancie. — Pour pratiquer cette divination, on mettait la tête d'un âne rôtir sur les charbons ardents, en prononçant quelques paroles dessus. Si les mâchoires de cette tête se remuaient, et si les dents faisaient du bruit, on tenait pour auteur du maléfice celui qui était soupçonné. Les Allemands se servaient souvent de cette divination, aussi bien que les Juifs : c'est pourquoi Appion et Tacite reprochaient à ceux-ci qu'ils adoraient la tête d'un âne. Les Lombards se servaient d'une tête de chèvre pour cette superstition.

Céromancie.—Cette divination consistait dans la considération des différentes figures de la cire fondue et jetée dans l'eau. Dans l'Anjou cela se pratique encore; les jeunes filles qui s'en servent cherchent dans les figures flottantes la reproduction la plus fidèle possible des outils du métier qu'exercera leur futur.

Chiromancie ou chiromance, divination par l'inspection des lignes de la main (voir chez le même éditeur, notre volume sur la cartomancie dans lequel nous décrivons cette science complétement), que de chiromanciens qui n'exercent cette science que pour faire trafic de galanterie.

Clidomancie. Pour mettre cette divination en usage, on attachait étroitement une clef sur la première page de l'évangile de saint Jean, de telle sorte, que l'anneau de cette clef paraissait en dehors; puis, on faisait mettre sur cet anneau les doigts de ceux qui s'informaient de quelque chose; et après avoir prononcé quelques paroles du livre saint, et exprimé le nom de celui qui était soupçonné; s'il était innocent, la clef (à ce qu'on dit), demeurait immobile; mais s'il était coupable, la clef tournait d'elle-même avec une telle violence, qu'elle rompait la ficelle qui la tenait attachée au livre. Quelle impiété que de profaner l'Ecriture Sainte, ce livre divin, par des superstitions si ridicules.

Cleromancie. C'est à peu près la même chose que l'astragalomancie; elle se professait en Angleterre.

Coscinomancie C'est ce qui s'appelle tourner le sas. Cette divination était fort en usage chez les anciens; et c'est ce qui a donné lieu au proverbe latin, *Cribeo divinare.* Lucien en parle et Théocrite. Je me suis trouvé un jour dans une maison, à Bourges, au moment qu'on pratiquait cette sorte de divination, pour savoir si une servante avait dérobé quelque vaisselle d'argent que l'on ne pouvait trouver. Pour tourner le sas, on ficha des ciseaux dans un chassis : puis, deux personnes le tenant suspendu en l'air, chacune, sur un de leur pouce, mis sous chaque anneau des ciseaux, prononçait quelques paroles avec le nom de la servante, prétendant que si le sas tournait, elle était coupable. Le sas tourna ; et cependant la servante se trouva dans la suite très-innocente du larcin dont on la soupçonnait.

Craminomancie. C'est une superstition assez commune en Allemagne, quand les filles veulent savoir, entre ceux qui les recherchent en mariage, le nom de celui qu'elles doivent épouser. Pour la pratiquer, elles portent un certain jour de l'année des oignons dans un lieu écarté, après avoir écrit sur leurs écorces les noms de leurs amoureux, et se persuadent que l'oignon qui germera le premier portera le nom de celui qu'elles auront pour époux.

Cristallomancie. C'est une divination qu'on pratiquait avec une fiole assez large, pleine d'eau, dans laquelle après quelques conjurations, on faifait mirer un petit enfant, ou une femme grosse, qui disait voir dans cette fiole des figures qui apprenaient ce que l'on voulait savoir. Remarquez que c'était une femme grosse ou un petit enfant, c'est-à-dire ce qu'il y a de plus crédule et de plus susceptible des impressions qui se puissent produire dans l'imagination.

Geomancie. Elle se fait par le moyen de certaines figures et de certains points formés sur la terre. C'est une espèce de divination très-superstitieuse, comme on peut le voir dans Pencer, liv. IX, chap. VI.

Hépatoscopie. Divination par l'inspection du foie d'une bète sacrifiée. (Voy. *Aruspices*).

Hiéroscopie. C'est l'observation des démarches des bètes qu'on allait sacrifier.

Hydromancie. Divination par l'eau qui servait a faire cuire les victimes. Virgile en parle au quatrième livre de l'Eneïde. Delancre remarque huit sortes d'hydromancies. La première, se fait avec une bague suspendue par un fil dans un verre plein d'eau, frappant les côtés du verre. La seconde, en jetant des pierres dans une eau dormante et comptant les cercles qui se font autour des pierres ; les jeunes filles y croient apprendre à quel âge elles se marieront, quel sera celui de leur futur, etc. La troisième, en considérant la diverse agitation de la mer. La quatrième, en remarquant la couleur des eaux. La cinquième, en prononçant certains mots sur une coupe pleine d'eau, et en observant si l'eau bouillante d'elle-même ne se répand point hors de la coupe. La sixième se pratique chez les habitants de Fez, en Afrique ; ils versent de l'eau dans un verre, y mêlent une goutte d'huile ; et ensuite, regardant dans ce verre, ils disent qu'ils y voient des choses fort extraordinaires. La septième se pratique en Allemagne, par les femmes, au rapport de Clément Alexandrin, quand elles prétendent connaître l'avenir, en observant le bruit et les bouillons des vagues. La huitième se fait en jetant dans l'eau des boules ou des petits papiers roulés sur lesquels on a écrit les noms de ceux que l'on aime, ou qu'on soupçonne de quelque larcin.

Isthiomancie. Divination par l'inspection des entrailles ou des œufs de poissons.

Jeducimancie. Ce nom vient d'un animal appelé *Jeduin*, dont les os portés dans la bouche

1. Expérience renouvelée de nos jours par nos prétendus magnétiseurs.

avec certaines cérémonies faisaient deviner, si nous en voulons croire les auteurs juifs.

Lampadomancie.—Divination avec des chandelles, usitées dans la haute Hongrie.

Lecanomancie. — Divination par le moyen d'un bassin d'eau, dans lequel on a jeté des pierres précieuses, ou des lames d'or et d'argent, ou du plomb fondu (voir la manière d'opérer cette divination dans notre *Double Clef des Songes*, publié par le même libraire). Nicetas et Tacite parlent de cette superstition. Cédranus dit que le précepteur de l'empereur Théophile s'en servait. Elle est en usage chez les Turcs. Strabon remarque, liv. VI, Géogr., qu'elle était aussi en usage en Perse.

Libanomancie.—Divination par l'encens. Si, après l'avoir jeté dans le feu, il en était consumé, et réduit en une fumée d'agréable odeur, c'était bon signe; mais c'était mauvais signe si le contraire arrivait.

Lithomancie. — Divination par les pierres.

Logarithmancie. — C'est une espèce d'arithmancie. On la pratique en convertissant les nombres en mots, et les mots en nombres, système des pythagoriciens.

Margaritonomancie. — Divination par le moyen d'une perle qui, étant mise sur le foyer auprès du feu sous un pot, pendant qu'on prononce quelques paroles, bondit (à ce qu'on prétend) et perce le fond du pot en sautant, si on exprime le nom de celui qui a fait le larcin, dont on veut savoir l'auteur.

Mégalantropogenésie. — Divination avec quelques gouttes de lait d'une femme enceinte sur un vase d'eau, pour connaître si elle porte en son sein une fille ou un garçon (voy. Albert-le-Grand). J. Cardan., etc.

Météorologie. — Divination naturelle, qui consiste à connaître quand il se doit lever des tempêtes, des vents, etc. De cette superstition, il en découle une autre, qui était fort en usage chez les Romains et les Grecs. Ceux-ci tiraient un heureux présage de celui qui se faisait entendre du côté gauche, ceux de Thrace tiraient leurs flèches contre le ciel lorsqu'il tonnait, et le menaçaient avec impiété. Les Hurons du Canada se figurent le tonnerre comme un dangereux oiseau. Je ne sais si c'est par un principe de superstition que le grand Kam de Tartarie refuse trois ans durant la dîme des troupeaux qui ont été attaqués du tonnerre, et qu'il renonce à ses droits sur les marchandises d'un navire qui aura été frappé du même accident. Quoi qu'il en soit, on voit à présent bien des gens qui ne peuvent se persuader que le tonnerre soit une chose naturelle; mais, au contraire, qui assurent que c'est l'ouvrage des sorciers. Les anciens Romains étaient aussi dans cette erreur; il y en avait qui assuraient que Numa Pompilius faisait tomber souvent la foudre par ses sortilèges, et que le roi Tullus Hostilius fut frappé de la foudre, parce que, voulant imiter Numa, il n'observa pas entièrement les cérémonies requises à ses invocations. Pour réfuter cette ridicule opinion, il ne faut que renvoyer ceux qui en sont prévenus à Périclès. Ce grand capitaine, voyant un jour que les officiers et les soldats de son armée étaient épouvantés d'un coup de tonnerre qu'ils avaient entendu sur le point de livrer bataille, il s'avisa de battre le briquet à la vue de toutes ses troupes, pour faire comprendre que ce qui se produisait au ciel, n'était autre chose que ce qu'il venait de faire en leur présence.

Molibdomancie. — Divination par le plomb fondu, en remarquant ses figures lorsqu'il se fond (espèce de Lecanomancie), voir ce mot.

Nécromancie. — Divination par le moyen des esprits évoqués. On l'appelle encore *l'Art du Grimoire*, qu'on prétend avoir le pouvoir de rappeler du tombeau les âmes des défunts, pour apprendre d'elles ce qu'on désire savoir.

Néron fit tous ses efforts pour avoir communication avec les âmes qu'il évoquait; et n'en ayant pu venir à bout, il se moqua de tout ce qu'on appelait magie (Senèque, Lucain).

Alphonse d'Aragon disait en parlant de lui-même qu'il était grand nécromancien, parce qu'il avait coutume de prendre conseil des morts; ces morts étaient ses livres. Cette nécromancie est la plus sûre, et celle que l'on ne condamnera jamais, comme la première dont je viens de parler, et contre laquelle Constantin fit une loi, qui punissait de mort ceux qui s'en servaient.

Néciomancie. — Divination par les os et les nerfs des trépassés et les cordes des pendus (Lucain, *Pharsale*).

Nicterimancie. — C'est pour les chauves-souris. On dit que lorsqu'elles volent loin des maisons, c'est une marque qu'il fera beau temps.

Niphetomancie. — Divination par la neige. On lit dans Pencer. *Traité des Divinations*, que Frédéric III, duc de Saxe, jugeait de la durée des neiges par le nombre des jours que la première restait du premier jour qu'elle était tombée jusqu'à la nouvelle lune suivante.

Oculinomancie. — Cette divination prétend découvrir un larron en lui crevant ou lui tournant l'œil, après que les ministres de cette superstition en ont fait les cérémonies. Delancre rapporte deux histoires épouvantables sur ce sujet dans son traité de la divination, où il a aussi réduit par ordre alphabétique les différentes sortes de divinations qui sont venues à sa connaissance. Je lui en ai ajouté plusieurs autres que l'on trouve ici avec des particularités également recherchées et curieuses.

Œnomancie. — Cette divination consistait dans l'inspection des liqueurs dont on se servait pour les sacrifices (*Enéide*, liv. IV).

Ololigmancie. — Divination tirée du hurlement des chiens. Plutarque dit dans ses *Morales* que pendant qu'Aristodemus faisait la guerre aux

Messéniens, étant arrivé un jour que les chiens hurlaient comme des loups, et qu'autour de son autel était crû de l'herbe qui s'appelle chien-dent, les devins dirent que ces signes étaient d'un très-mauvais présage; ce roi entra dans un si grand désespoir qu'il se tua sur-le-champ.

Omancie. — Divination par les œufs (voir le livre de M. A. d'Argelin).

Omphalomancie. Divination dont se servent les sages-femmes en marquant les nœuds qui se trouvent au nombril de l'enfant qui vient au monde, pour connaître combien l'accouchée aura d'enfants dans la suite. Cette divination en comprend une autre pour connaître par le moyen d'un fil, si une fille est ou non vierge. Catulle en parle dans les noces de Pelée et de Thétis.

Onéiropolie. Divination pour les songes. (Voir notre volume traitant spécialement de cette science, en vente à la même librairie.)

Onichomancie. Divination par le moyen des ongles d'un enfant oint d'huile et de suie et tournés vers le soleil. Il y en a qui s'imaginent que les petites taches qui se forment sur les ongles sont des marques de quelque faute qu'on a commise, et qui est grande ou petite, selon la grandeur ou la petitesse de ces taches. Cette superstition nous vient des païens, qui croyaient que le mensonge était toujours suivi de quelque peine, comme d'une dent gâtée, d'un ongle marqué, de cheveux perdus, et autres choses semblables. (Voyez Ovide. Elég. III, liv. III. *Amor*.

Théocrite dit encore sur ce sujet, dans l'idylle IX : Prends bien garde de ne pas faire naître une enlevure sur le bout de ta langue ; c'est-à-dire, prends bien garde de ne pas mentir. Il dit aussi dans l'idylle X : Vous êtes si beau, qu'en vous louant, je ne ferai point naître de mensonges sur le bout de mon nez.

Pagomancie. Divination par l'inspection des fontaines et des puits : elle était en usage chez les Egyptiens. Les anciens Allemands exposaient autrefois leurs enfants nouvellement nés sur le Rhin, se persuadant que, s'ils étaient bâtards, ils resteraient sur la superficie de l'eau. Claudien dit :

Et quos nascentes explorat gurgite Rhenus.

L'épreuve par l'eau, dont il est parlé dans la République des lettres du mois d'août 1686, est une espèce de Pagomancie. Quelques juges d'Allemagne pratiquent ainsi cette épreuve : quand ils veulent savoir si une femme est coupable des sortiléges dont on l'accuse, on lui ôte tous ses habits ; on lui lie la main droite avec le pied gauche, et la main gauche avec le pied droit ; puis, on la jette dans l'eau ; et si elle n'enfonce point, on la croit sorcière et on la brûle.

Palomancie. Divination par de petits bâtons.

Parthenomancie. Divination chez les Anglais, par le moyen d'une agate mise en poudre et donnée à boire à une jeune fille, pour connaître si elle est vierge. Lisez Guillaume, en sa dernière partie de l'*Univers*, chap. XXII.

Pératoscopie. Divination par l'inspection des choses extraordinaires qui apparaissent en l'air.

Phylorodomancie. Divination par les feuilles de roses. Je rapporte ailleurs qu'Anacréon dit, ode 53 : c'est la rose qui nous fait juger du succès de nos amours, par le bruit que nous faisons avec ses feuilles, lorsque nous les frappons sur nos mains. Quand les Grecs voulaient juger du succès de leurs amours, ils fermaient une main ; de sorte que du côté du pouce, il y avait une cavité, sur laquelle ils étendaient une feuille de rose ; et après, cela de l'autre main, ils frappaient dessus. Si cette feuille rendait quelques sons, c'était un bon présage, selon eux ; mais c'en était un très-mauvais si elle n'en rendait pas. Cet usage nous est encore resté, nous y en avons ajouté d'autres pour avoir cette connaissance, comme de se tirer les doigts, et plusieurs autres semblables puérilités. L'amour est un enfant qui fait faire bien des badinages pour lui plaire.

Physionomie. — Divination par la considération de l'habitude et de la couleur des membres du corps. Cette divination n'est pas superstitieuse en tous les principes. Saint Jérôme dit que le visage est le miroir de l'âme, et que les yeux, en gardant le silence, découvrent les secrets de l'esprit. *Speculum mentis est facies, et taciti oculi mentis fatentur arcana.* Les anciens disaient en proverbe : Le corps couvre et découvre l'homme : on lit l'homme sur le visage. *Corpus hominem tegit et detegit, in facie legitur homo.* Il est vrai que les yeux peuvent souvent découvrir les mouvements de l'esprit ; la colère les enflamme, le désir les avance, la crainte les retire, la honte les abat, l'amour les adoucit, mais il est ridicule de dire avec Campanella, liv. *de sensu rerum et magia*, que si on contrefait la mine de quelqu'un, et qu'on s'imagine avoir les cheveux, les yeux, le nez, et les autres parties du corps comme lui, on pourra connaître ses pensées par celles qu'on aura pendant ces singeries.

Pyromance. — Divination par les flammes des victimes.

Rabdomancie. — Divination par les verges ou petits bâtons.

Sallation. — Divination par le remuement ou par le tressaillement des yeux.

Salimancie. — Divination par le sel mis dans la main d'un malade pour savoir s'il mourra ou non.

Sideromancie. — Divination par les pailles jetées sur un feu ardent.

Skitoniskomancie. — C'est le présage qu'on tire des chemises. Il y avait des gens qui s'imaginaient qu'il leur arriverait quelque malheur, ou qu'ils recevraient quelque fâcheuse nouvelle s'ils mettaient leur chemise de travers le matin ; il est parlé de cet abus dans le *Traité des superstitions*, de Martin d'Arles.

Spondanomancie. — Divination par les cendres des sacrifices. Sophocle les appelle : *in œd cinerem divinatorium.*

Sternomancie. — Divination par les démons dans les corps des possédés.

Stoichiomancie. — Divination qui se pratiquait à l'ouverture des livres d'Horace et de Virgile, en faisant attention sur le premier vers qui se présentait à la vue. Joseph Estienne dit. *in L.* I, *Machab.*, c. III, n° 48, que les juifs se servaient de cette divination en ouvrant la Bible. On s'en est servi dans la suite en ouvrant le Nouveau Testament, ce qu'on appelait : *sortes apostolorum.* L'empereur Héraclius s'en est servi, selon Cédrenus; saint Augustin improuve cet usage. *Ep.* 119 *Januar*, c. 120.

Stolisomancie. — Divination par la manière de s'habiller. Auguste se persuada qu'une sédition militaire lui avait été prédite le matin, par la faute de celui qui lui avait chaussé le soulier gauche autrement qu'il ne le devait.

Sycomancie. — Divination par les feuilles de figuier.

Tératoscopie. — Divination par les prodiges et les monstres.

Thurifume. — Divination par la fumée de l'encens.

Tiromanie. — Divination par le fromage.

Voilà toutes les divinations que j'ai remarquées dans mes lectures. Je finis toutes ces remarques avec cette pensée sur l'avidité que l'homme a de savoir l'avenir : nous ne sommes jamais chez nous, nous sommes toujours au-delà; le désir, la crainte, l'espérance nous portent vers l'avenir et nous dérobent le sentiment et la considération de ce qui est, pour nous amuser à ce qui sera peut-être; et cependant le présent étant bien plus certain que l'avenir, il mérite premièrement et beaucoup plus notre attention pour le régler.

FIN DU DICTIONNAIRE.

TABLE DES MATIÈRES.

Paris. — Typ. Gaittet, rue Gît-le-Cœur, 7.

Paris. — Typ. Gaittet, rue Gît-le-Cœur, 7.

www.ingramcontent.com/pod-product-compliance
Ingram Content Group UK Ltd.
Pitfield, Milton Keynes, MK11 3LW, UK
UKHW021144260726
13994UKWH00001B/290

9 782329 473697